Österreichische Mehlspeisküche

Abbildungen:

CMA Deutsche Butter: *Coverbild, S. 9, 16, 18, 20, 27, 29, 38, 47, 59, 133, 134, 135, 137, 146, 150, 155, 160, 170, 188, 212, 243, 249, 257*
Meggle: *S. 31, 36, 171,219, 222*
National Sunflower Association: *S. 24, 25, 81*
Božena Gartler: *S. 48, 99, 110, 136, 215, 224, 251, 259*
Helga Buchter-Weisbrodt: *S. 172, 207, 221, 254, 261*
Liesl Biber: *S. 119, 179, 227, 235*
Karl Schrotter: *S. 13, 53, 63, 67, 69, 73, 77, 79, 80, 82, 83, 84, 86, 88, 92, 95*
Lothar Wurm u. a.: *S. 125, 229*
Peter Schneider: *S. 35, 40, 101, 103, 107, 113, 116, 120, 123, 126, 130, 167, 176*
Ernest Richter: *S. 196, 209*
Anna Andert u. a.: *S. 104, 109, 201*
Elke Salzer: *S. 4, 50, 55, 174, 218*
Popp & Hackner: *S. 118*
H. Bürstmayr: *S. 114, 138, 140, 143, 148, 151, 154, 157, 231, 239, 241, 248*
Sigrid Günther und Eva-Maria Lipp: *S. 102, 145, 183*
Erdäpfelkochbuch: *S. 21, 56, 169, 199, 216, 225, 245*
Daniel Böswirth: *S. 175, 247*
Agrarmarkt Austria Marketing GmbH: *S. 6, 10, 12, 23, 34, 43, 163, 185, 187, 189, 191, 192, 203, 206, 211*
Uwe Urbann: *S. 131, 213*
Kochen und Küche: *S. 15, 91, 165, 195*

Impressum

Achauer Straße 49A, A-2333 Leopoldsdorf
E-Mail: buch@agrarverlag.at
Internet: www.avbuch.at

Projektleitung: Alexandra Mlakar, Österreichischer Agrarverlag
Korrektorat: Tina Spiegl
Grafische Gestaltung und Satz: AV+Astoria Druckzentrum Prepress, Wien
Druck: AV+Astoria Druckzentrum, Wien

Printed in Austria
1. Auflage

ISBN 3-7040-2040-0

Österreichische
Mehlspeisküche

Süßes zum Genießen

Herausgegeben von Alexandra Mlakar

Mit Texten von Manfred Buchinger

Mit Rezepten von

Anna Andert, Helene Gabriel, Gabriele Legath, Brigitta Preisegger,
Theresia Raser und Jutta Spitzmüller
Helga Buchter-Weisbrodt
Hannelore Bürstmayr
Božena Gartler
Sigrid Günther und Eva-Maria Lipp
Cordula Hanisch und Ulli Ploberger
Tobias Hierl
Land um Hollabrunn
Karoline Meindl-Dietrich und Erna Lechner
Andrea Prommer und Maria Zechner
Christine Wogowitsch

av BUCH

Vorwort zum süßen Kribbeln

In einem Alter, in dem Kinder heute zwar wissen, wie ein Computer funktioniert, aber nicht, was sie später einmal werden wollen, durfte ich in der Bäckerei meines Onkels bereits Salzstangerln rollen. Dadurch war ich über die Backstuben-Düfte ein bisserl vorbelastet.
Später dann, als Lehrling im renommierten Wiener Lugeck (früheres Edelwirtshaus im Schatten des Stephansdomes), durfte ich immer die Cremeschnitten-Restln, die beim exakten Zuschnitt an- und abfielen, zusammenschmausen, was mich damals mehr breit wie hoch erscheinen ließ.
Manchmal kam Karli Schuhmacher, der damalige Backstubenguru vom „Gerstner", um auszuhelfen. Damals noch ganz jung, heute die Legende, Österreichs Zuckerbäcker Nr. 1 an der Schwelle in dieses Jahrtausend und international anerkannt, dessen grandiose Rezepte in der Kurkonditorei in Oberlaa noch heute zum Anbeißen sind. Seine Ideen sind in den letzten Jahren überall in die Rezepte als Basis eingeflossen und wurden wieder – und das ist das Schönste für einen ganz Großen – zu unbekannten Klassikern: Weil sie einfach Basis sind. Sein oberstes Credo war: wiegen, messen, ganz genau arbeiten.
Meines ist: sich auch zwischen den Zeilen bewegen, sich trauen. Ein Buch, dessen Rezepte an der Basis verhaftet sind, nicht nur aus der TV-Küche stammen, ist gerade im Bereich der süßen Küche immer das Bessere: Denn Kreativität beginnt, nachdem ... Mann & Frau Mehl und andere Zutaten klumpenfrei vermengen können. Wenn die Basis stimmt, kann man darauf wunderbar kreativ aufbauen. Backen wird zum Spaß für alle im Haushalt, selbst der Katze sind gut gelaunte Patissiers lieber als Versager, bei denen nur roher Teig vom Tisch fällt.

In diesem Sinne – bekleckern Sie sich ruhig mit Schokolade, bröseln Sie herum und freuen Sie sich über Ihre Ergebnisse!

Ihr Manfred B.

manfred buchinger
kochender regionalist
und weinviertler wirt in riedenthal bei wolkersdorf

Kapitel 1

Übersich

Basics – damit alles gut gelin

O Ein Panorama des guten Geschmacks! So wie beim Schlafen – auf die Unterlage kommt es an!
Deshalb: Bei den Zutaten immer die besten und nicht die teuersten nehmen – sie machen aus Ihren einfachen Dingen etwas ganz Besonderes.
Bei Teigen mein Tipp: Nach dem Verarbeiten und vor dem Backen unbedingt eine gut gekühlte Entspannungsrast einlegen, sie tut Mensch und Backgut mehr als gut. Man ist dann beim Backvorgang wieder voll konzentriert.
Basis ... sie ist auch für die Sandmasse gültig: wo Sand draufsteht, muss nicht immer Sand drinnen sein – er soll auch nicht in Ihr Küchen-Getriebe kommen.
Sorgfältig nach Rezept verarbeiten und eventuell, wenn die Masse erst in einigen Tagen weiterverarbeitet wird, noch warm einfrieren.
Damit behält der Kuchen die Feuchtigkeit.

ber die Grundteigarten

Tropfteig

Zutaten
für ca. 6 Personen

*** Variante 1: Palatschinken**

250 ml Milch
2 Eier
20 g Zucker nach Belieben
Salz
125 g Mehl

Zubereitung

Nach Belieben können mehr Eier, Obers, Bier, Wein, Rum oder Sodawasser als Verbesserungszutaten verwendet werden.

Milch, Eier, Salz und eventuell Zucker verrühren und zuletzt das Mehl untermengen. Zur Verbesserung kann das Eiklar zu einem festen Schnee geschlagen und unter den etwas abgestandenen Teig gehoben werden.
Dieses Grundrezept eignet sich insbesondere für Palatschinken bzw. Omeletten, gefüllt mit Marmelade, Topfen und vielem mehr. Ebenso für Aufläufe oder mit Eis gefüllte Palatschinken.

Eiklar werden zu festem Schnee geschlagen

*** Variante 2: Schmarren**

375 ml Milch
3 Eier
Salz
200 g Mehl

Zubereitung wie Palatschinkenteig

Nockerlteig

Zutaten
für ca. 6 Personen

400 g Mehl
250 ml Milch oder Wasser
1–2 Eier
40 g Butter
Salz

Zubereitung

Mehl, Milch, Eier, Salz und zerlassene Butter vermengen. Teig abschlagen und nicht zu lange stehen lassen, da er sonst zäh wird. Nockerln in viel siedendes Salzwasser einlegen, abseihen, abschrecken und in Butter schwenken.

Kochzeit: ca. 5 Minuten

Aus Nockerlteig ohne Eier und Butter werden so genannte „Wasserspatzen" bereitet.

Nockerlteig eignet sich hervorragend als Suppeneinlage, Beilage, Grundlage für Hauptspeisen wie auch für Süßspeisen, etwa Apfelnockerln.

Nockerln sind die österreichisch-ungarisch-tschechische Urform der italienischen Gnocchi. Der Name „Nockerl" soll auf das deutsche Wort „Nock" zurückzuführen sein, was Felskopf oder Hügel bedeutet. Nockerln sind schon seit jeher als Bauernkost bekannt. Im „Granatapfelkochbuch" aus dem 17. Jahrhundert empfiehlt die Autorin: „Mach einen Teig an, wie zu Nocken gehörig."

Nudelteig

Zutaten
für ca. 6 Personen

500 g Fini's Feinstes Weizenmehl griffig, Vollkornmehl oder eine Mischung aus feinem Hartweizengrieß und Fini's Feinstes Weizenmehl griffig
3 Eier
125 ml lauwarmes Wasser
2 EL Öl nach Belieben

Zubereitung

Der Nudelteig gelingt besonders gut, wenn das Wasser lauwarm ist und die Eier nicht direkt aus dem Kühlschrank kommen.

Mehl oder Grieß in eine Rührschüssel geben. Die versprudelten Eier und/oder das Wasser und das Öl unter ständigem Kneten und langsam beigeben. Den Teig so lange kneten, bis er sich seidig anfühlt und eine glatte Oberfläche aufweist. Er ist dann fertig geknetet, wenn er eine gleichmäßige und feinporige Struktur hat. Den glatten Teig zu einem Laibchen formen und in Plastikfolie gewickelt mindestens eine 1/2 Stunde rasten lassen.

Beim Ausrollen und Schneiden darauf achten, dass die Nudeln möglichst gleichmäßig dick sind. Suppennudeln sollten ausgewalkt eine Stärke von 1 mm haben, für gefüllte Nudeln kann der Teig bis zu 3 mm dick sein. Den Teig vor dem Auswalken in 4 bis 6 gleiche Stücke teilen. Aus diesen jeweils eine Rolle formen und den Teig (mit Nudelwalker oder Nudelmaschine) bis zur gewünschten Stärke ausrollen. Darauf achten, dass der Teig von der Mitte aus sternförmig ausgerollt wird. Für Suppennudeln den Teig mehrmals ausrollen und wieder zusammenfalten, damit er richtig dünn wird.

Nudeln mit einem gut schneidenden Messer oder einer Nudelmaschine in die gewünschte Form schneiden.

Nach Bedarf trocknen.

Diese Grundzubereitung eignet sich sehr gut für Nussnudeln, Mohnnudeln, Nudelaufläufe und vieles mehr.

Strudelteig

Zutaten
für ca. 4–6 Personen

250 g Mehl
1 Prise Salz
1 Eidotter
1 EL Öl
125 ml lauwarmes Wasser

Zubereitung

Gleich zu Beginn sicherstellen, dass alle Zutaten Zimmertemperatur haben.
Ein Backblech mit Backpapier auslegen oder mit Butter bestreichen.

Das gesiebte Mehl mit Salz auf eine Arbeitsfläche häufen. In die Mitte eine Mulde drücken, mit Eidotter und Öl füllen. Mit Wasser vermengen, verkneten und mit den Händen zu einem weichen Teig verarbeiten.
Alle Zutaten können auch in eine Schüssel gegeben und mithilfe des Knethakens eines Handmixers oder einer Küchenmaschine kräftig durchgearbeitet werden. Sobald ein zäher Teig entstanden ist, händisch fortfahren!

Falls der Teig zu trocken und brüchig ist, noch ein wenig lauwarmes Wasser nachgießen. Der Teig soll geschmeidig, glatt und leicht glänzend sein.
Den Teig zu einer runden Kugel formen und die Oberfläche mit Öl bepinseln. Eine vorgewärmte Metallschüssel darüber stülpen und etwa 1 Stunde rasten lassen.

Den Strudelteig auf einem leicht bemehlten Küchentuch so groß wie möglich mit einem Nudelholz ausrollen (günstig ist ein großer Küchentisch, der von allen Seiten zugänglich ist). Nun mit dem Ausziehen beginnen. Dabei mit dem bemehlten Handrücken der einen Hand unter den Teig greifen, mit der anderen Hand von der Teigmitte aus vorsichtig in Richtung Tischkante zu ziehen beginnen. So lange ausziehen, bis der Teig fast durchsichtig ist.

Danach je nach Rezept mit verschiedenen Füllen weiterverarbeiten.

Germteig

Zutaten
für ca. 4–6 Personen

500 g Weizenmehl
1/2 TL Salz
30 g Germ (Frisch- oder Trockengerm)
250 ml Milch

Verbesserungszutaten:
2 Eidotter (oder ganze Eier)
70 g Butter
70 g Staub- oder Kristallzucker

Geschmackszutaten:
Vanillezucker, Rum, geriebene Zitronen- und/oder Orangenschale, Anis, Zimt, Mandeln, Walnüsse, Haselnüsse u. v. m.

Zubereitung

In einer Schüssel das Salz gut ins etwas vorgewärmte Mehl rühren (Germ und Salz sollen nicht direkt miteinander in Berührung kommen). Die Germ ins Mehl bröseln. Um die frische Germ besonders gut aufzulösen, in etwas lauwarmer Flüssigkeit verrühren. Nun alle weiteren trockenen Zutaten zum Mehl geben. In die restliche lauwarme Milch die Eier einzeln einsprudeln und dem Mehlgemisch beimengen. Butter vorsichtig zerlassen und ebenfalls in den Teig rühren. Allfällige andere Zutaten (je nach Rezept Topfen, Sauerrahm oder Ähnliches) ebenfalls zum Schluss einrühren. Nun den Teig abschlagen (kleinere Mengen mit einem Kochlöffel oder den Knethaken eines Handrührgeräts; größere Mengen mit der Küchenmaschine). Für kleinere Mengen kann auch eine Teigschüssel aus Plastik verwendet werden (der Teig muss in diesem Fall nicht geknetet werden, allerdings dauert der Gesamtvorgang durch häufiges Zusammenschlagen und Zudecken etwas länger). Den Teig so lange schlagen, bis er feinporig ist und sich vom Schüsselrand löst und Blasen bildet. An einem warmen Ort, mit einem Tuch zugedeckt, eine 1/2 Stunde rasten lassen (am besten in einem warmen Wasserbad; nie jedoch auf einer heißen Herdplatte oder im eingeschalteten Backrohr!). Der Teig kann während dieser Zeit ein- bis zweimal „zusammengeschlagen“ werden, dadurch wird er besonders locker und feinporig. Den Teig jedoch danach jedes Mal wieder gehen lassen!

Dampfl:
Die Bereitung eines Dampfls ist vor allem für schwere, fettreiche Teige von Vorteil.
Germ mit 1 EL Zucker, 2 EL Mehl und 3 EL lauwarmer Flüssigkeit glatt rühren. Diese Mischung an einem warmen Ort zugedeckt gehen lassen. Anschließend mit den übrigen Zutaten zu einem glatten Teig verarbeiten.

Oft wird ein Dampfl auch zubereitet, um zu sehen, ob die Germ noch „treibfähig“ ist.

Mürber oder kalter Germteig

Zutaten
für ca. 6 Personen

500 g glattes Mehl
40 g Staubzucker
1/2 TL Salz
geriebene Schale einer
1/2 Zitrone
100 g Butter
40 g Germ
ca. 60 ml Milch
2 Eidotter

Der Zubereitung nach gehört dieser Grundteig zur Gruppe der Mürbteige.

Zubereitung

Mehl, gesiebten Staubzucker, Salz und geriebene Zitronenschale auf die Arbeitsfläche geben. Kalte Butter in dünne Scheiben schneiden, zugeben und gut abbröseln. Germ in etwas lauwarmer Milch auflösen und dazugeben. Eidotter sowie Milch untermengen und das Ganze rasch zu einem Teig verkneten (restliche Milch sollte kalt sein). Den Teig an einem kühlen Ort ca. 1 Stunde rasten lassen.

Der Teig kann über Nacht auch im Kühlschrank rasten. Mindestens eine 1/2 Stunde vor der Weiterverarbeitung sollte er jedoch aus dem Kühlschrank genommen werden. So klebt der Teig beim Ausrollen nicht so leicht an!

Dieses Grundrezept eignet sich insbesondere für Striezel, Kipferln, Kranzkuchen und Schnecken. Ebenso für Gugelhupfe, Potitzzen, Obstkuchen, Buchteln und vieles mehr.

Plunderteig (Germbutterteig)

Zutaten
für ca. 6–8 Personen

*** Variante 1**
Teig:
400 g glattes Mehl
1 TL Salz
60 g Feinkristallzucker
40 g Germ
100 g Butter
125 ml Milch
ca. 60 ml Wasser
1 Ei
2 Eidotter
1 EL Vanillezucker
geriebene Schale einer Zitrone

Butterziegel:
200 g Butter
60 g glattes Mehl

Zubereitung

Einen relativ festen Germteig bereiten. Teig ca. 20 Minuten an einem warmen Ort gehen lassen.
Für den Butterziegel die kalte Butter in dünne Scheiben schneiden und mit dem Mehl verkneten. Daraus einen Ziegel formen (ca. 10 x 15 cm). Zwischen 2 Blättern Backtrennpapier geht das Formen bzw. Ausrollen des Butterziegels leichter vonstatten. Germteig auf bemehlter Arbeitsfläche zu einem Rechteck ausrollen (ca. 15 x 20 cm). Der Teig sollte in der Mitte etwas dicker sein als am Rand!
Den Butterziegel in die Mitte legen und den Germteig von allen Seiten darüber klappen. Mit dem Nudelholz zu etwa doppelter Größe ausrollen. Mehl gründlich entfernen. Das linke Drittel über das mittlere Drittel falten, abkehren und anpressen. Darüber das rechte Drittel klappen und anpressen (= einfache Tour).
Mit feuchtem Tuch bedecken und ca. 20 Minuten im Kühlschrank rasten lassen. Diesen Arbeitsvorgang (einfache Tour) inklusive der Rastzeit noch zweimal wiederholen. Bei starker Hitze backen, da das Fett ansonsten aus dem Teig ausläuft!

Tipp

Aufgrund seiner aufwändigen Zubereitung werden am besten gleich größere Mengen zubereitet. Der Teig eignet sich sehr gut zum Einfrieren!

Zutaten
für ca. 6–8 Personen

*** Variante 2**
Teig:
350 g glattes Mehl
30 g Staubzucker
30 g Germ
125 ml Milch
1 Eidotter
1/2 TL Salz

150 g Butter zum Einarbeiten

Einen mittelfesten Germteig bereiten und diesen 20 Minuten gehen lassen. Den Teig zu einem 5 mm dicken Rechteck ausrollen. Ein Drittel der Butter in Flöckchenform auf die Hälfte der Teigplatte so verteilen, dass ein Rand bleibt. Nun die andere Hälfte darüber klappen und die Ränder leicht andrücken. Den Teig wieder ausrollen und den Vorgang mit dem zweiten Drittel der verbleibenden Butter wiederholen. Den Teig 30 Minuten im Kühlschrank rasten lassen. Den Teig nochmals ausrollen und das letzte Drittel der Butter sowie die zwei anderen Drittel einarbeiten. Den Teig 20 Minuten im Kühlschrank rasten lassen.

Weiterverarbeitung je nach Rezept

Mürbteig

Zutaten
für ca. 6 Personen

400 g Mehl
1 Prise Salz
200 g Butter
100 g Zucker
2 Eier
Schale einer Zitrone

Tipp
Die allgemeine Formel lautet: 1 Teil Zucker, 2 Teile Butter, 3 Teile Mehl. Eier, Wasser oder Milch sind Verbesserungszutaten, aber nicht unbedingt nötig.

Wichtig ist die Zubereitung an einem relativ kühlen Ort – der Mürbteig mag keine Wärme!

Zubereitung

Das Mehl und den Zucker auf eine Arbeitsplatte streuen, etwas salzen und mit der Butter zu einem bröseligen Teig vermengen. Eine Mulde eindrücken, die Eier hineingeben und die Zitronenschale beimengen. Schnell verkneten, damit ein glatter Teig entsteht. Jedoch nicht zu lange, damit der Teig nicht wieder seine Bindung verliert! Die Teigkugel in eine Schüssel geben, mit einem Tuch zudecken oder in Folie wickeln und 1 Stunde an einem kühlen Ort rasten lassen.

Der Mürbteig lässt sich gut einfrieren. Am besten im Kühlschrank auftauen lassen!

Gerührte Mürbteige eignen sich für Rezepte mit größeren Ei- und Eidotterangaben. Die Teige werden besonders fein. In den Abtrieb von Butter, Zucker und Eidotter rasch die übrigen Zutaten einkneten und eine 1/2 Stunde kühl rasten lassen.

Beim Backen kann das Befetten und Bemehlen der Formen entfallen.
Den Mürbteig nach dem Backen sofort vom Blech lösen und auskühlen lassen.

Dieses Grundrezept eignet sich insbesondere für feine Bäckereien wie z. B. Ischler Bäckerei, Vanillekipferln oder Husarenkrapferln. Ebenso für Tortenböden und Obstkuchen.

Blätterteig (Butterteig)

Zutaten
für ca. 6 Personen

Teig:
500 g Mehl
50 g Öl oder Butter
60 ml Rum
5 g Salz
etwa 80 ml Wasser

Butterziegel:
500 g Butter
70 g Mehl

Tipp
Das ungefähre Mengenverhältnis von Mehl zu Butter beträgt 1 : 1.

Der Teig wird durch die spezielle Technik des „Tourenschlagens“ mehrmals zusammengefaltet und immer wieder ausgerollt. Daher kommt die vielschichtige, blättrige Teigstruktur, die den Teig ausmacht.

Die Zubereitung ähnelt der des Plunderteigs (Germbutterteigs).

Zubereitung

Alle Zutaten nach Möglichkeit schon am Vortag in den Kühlschrank stellen, damit eine gleichmäßig kühle Temperatur erreicht wird.
Für den Butterziegel Butter und Mehl vermengen und zu einem Ziegel von 35 x 20 cm formen. In den Kühlschrank legen.
Die Teigzutaten nun zu einem glatten Teig vermengen, zu einer Kugel formen, in Folie wickeln und mindestens 30 Minuten kalt stellen.
Den Teig auf einer bemehlten Arbeitsfläche in der doppelten Größe des Butterziegels ausrollen und den Butterziegel in der Mitte platzieren. Die Seiten übereinander schlagen. Mit einem Nudelholz alles zu den schmalen Enden hin zu einem langen Rechteck ausrollen. Die Enden zur Mitte hin einschlagen und noch einmal zusammenklappen wie ein Buch, sodass nun 4 Teigschichten übereinander liegen Die Teigränder sollten sich ein wenig überlappen. Oben an den Seiten leicht zusammendrücken.
Anschließend 30 Minuten kühl rasten lassen. Den Block mit gleichmäßigem Druck von allen Seiten zu einem etwa 1 cm dicken, rechteckigen Teigstück ausrollen. Ein Drittel des Teiges von der Längsseite her einschlagen. Von der anderen Seite her ebenfalls ein Drittel einschlagen. Die Kanten sollten sich auf gleicher Höhe befinden. Anschließend den Teig nur bis zur Mitte einschlagen, zuerst von der einen Seite, dann von der anderen. Schließlich beide Teighälften übereinander legen. Den Teig wieder ausrollen und für weitere 30 Minuten kalt stellen. Anschließend den Teig zu den schmalen, offenen Seiten hin ausrollen und den Teig wie vorher zusammenklappen. Abermals 30 Minuten im Kühlschrank rasten lassen. Dieser Vorgang des „Tourenschlagens“ sollte mindestens weitere zwei Male wiederholt werden. Dann erst kann der entstandene Blätterteig weiterverarbeitet werden.

Dieses Grundrezept eignet sich bestens für Mehlspeisen wie Schaumrollen, Cremeschnitten und Blätterteigkipferln.

Brandteig

Zutaten
für ca. 6 Personen

Zubereitung

*** Variante 1:**
für einfache Mehlspeisen
250 ml Milch oder Wasser
40 g Butter
Salz
220 g Mehl
4 Eier

Milch oder Wasser mit Butter und Salz zum Kochen bringen. Das Mehl rasch hinzufügen und kräftig rühren, bis die Masse klumpt und sich vom Kochtopf löst. Überkühlen lassen und die versprudelten Eier nach und nach einrühren, bis der Teig glänzt (nach jedem Ei den Teig glatt verrühren, bevor das nächste zugegeben wird). Er muss so fest sein, dass er sich zum Dressieren eignet. Den Teig nach kurzem Rasten je nach Rezept weiterverarbeiten.

*** Variante 2:**
zum Backen in Fett
250 ml Milch
Salz
220 g Mehl
3–4 Eier

Zubereitung wie Variante 1

*** Variante 3:**
für feinere Mehlspeisen
125 ml Wasser
120 g Butter
120 g Mehl
4 Eier

Zubereitung wie Variante 1

Tipp

So einfach der Brandteig in seiner Grundzubereitung ist, beim Backen ist es wichtig, einige Grundregeln zu beachten.
Den Teig am besten mit einer Teigspritze oder einem in Eiklar getauchten Löffel auf das befettete Backblech formen.
Das Backblech in das vorgeheizte Rohr bei 250 °C auf mittlere Schiene schieben.
Das Rohr frühestens nach 10 Minuten vorsichtig öffnen und bei leichter Färbung des Gebäcks auf 200 °C zurückschalten.
Den Brandteig gut ausbacken – Backzeit ca. 20 bis 30 Minuten.
Gut gelungenes Gebäck fühlt sich leicht und trocken an und ist innen hohl.
Diese Grundrezepte eignen sich hervorragend für Brandteigkrapferln, Obstknödel oder Windbeutel.

Kartoffelteig

Zutaten
für 6 Personen

600 g mehlige Kartoffeln
200 g Fini's Feinstes Weizenmehl griffig
10 g Backpulver
20 g Butter
1 Ei
1 EL Fini's Feinstes Weizengrieß
Salz

Zubereitung

Kartoffeln kochen, schälen und noch heiß passieren. Etwas auskühlen lassen.
Mehl und Backpulver mit der Butter verbröseln, Salz hinzugeben. Mit den Kartoffeln, dem Ei und dem Grieß verkneten und zu einem geschmeidigen Teig verarbeiten.
Vor dem Weiterverarbeiten eine 1/2 Stunde rasten lassen.

Dieser Grundteig eignet sich bestens für Obstknödel und süße Nudeln.

Topfenteig

Zutaten
für ca. 6 Personen

200 g Mehl
70 g Butter
Salz
250 g Topfen
1–2 Eier

Zubereitung

Mehl mit der Butter verbröseln, Salz hinzugeben. Mit dem Topfen und den Eiern verkneten und zu einem geschmeidigen Teig verarbeiten.

Auch dieser Teig eignet sich bestens für jede Art von Obstknödeln sowie süße Nudeln!

Biskuitmasse

Zutaten
für ca. 6 Personen

*** Variante 1: einfaches Biskuit**

6 Eidotter
120 g Zucker
6 Eiklar
120 g Mehl
30 g Butter

*** Variante 2: Blitzbiskuit**

6 Eiklar
120 g Zucker
6 Eidotter
120 g Mehl
30 g Butter

*** Variante 4: warm geschlagenes Biskuit**

4 Eier
2 Eidotter
150 g Zucker
150 g Mehl
40 g Butter
Vanillezucker
Zitronensaft

Zubereitung

Eidotter und zwei Drittel des Zuckers schaumig rühren. Ein Drittel des Zuckers in den Schnee einschlagen; gemeinsam mit Mehl und zerlassener Butter unter die Eidottermasse heben. Masse in Kuchenform bei 190 °C und mittlerer Schiene 50 Minuten backen.

In den steifen Schnee Zucker einschlagen, Eidotter einrühren und zuletzt Mehl und zerlassene Butter unterheben. Masse in Kuchenform bei 190 °C und unterer Schiene 50 Minuten backen.

Eier, Eidotter und Zucker im Wasserbad dickschaumig schlagen, dann die Masse kalt schlagen und nochmals im Wasserbad warm aufschlagen. Ausgekühlt Mehl, Vanillezucker, Zitronensaft und zerlassene Butter unterheben. Masse in Kuchenform bei 190 °C und unterer Schiene 50 Minuten backen.

Allgemeines:
Kräftig ausgeschlagener Schnee ist die Voraussetzung für ein gutes Biskuit. Er muss steif und durch und durch weiß sein. Eine gut gelungene Biskuitmasse sollte äußerst flaumig, elastisch und matt sein. Eine glänzende Masse wurde zu lange gerührt.

Diese Grundteigvarianten eignen sich hervorragend für Torten, Kuchen, Rouladen, Obstkuchen und -schnitten sowie Dessertbäckereien.

Sandmasse

Zutaten
für ca. 6 Personen

120 g Butter
120 g Zucker
120 g Mehl
3 große oder 4 kleine Eier

Zubereitung

Nach Belieben können Rum, Vanillezucker, Zitronenschale, Nüsse oder Schokolade beigemengt werden.

*** Variante 1:**

Einen Abtrieb aus Butter, Eiern und Zucker bereiten. Mehl untermengen.

*** Variante 2:**

Einen Abtrieb aus Butter, Eidotter und Zucker bereiten. Den steifen Schnee und das Mehl gleichzeitig untermengen.

*** Variante 3:**

Eiklar zu steifem Schnee schlagen, Kristallzucker langsam einschlagen. Nach und nach die Eidotter beifügen und die zerlassene Butter einschlagen. Zum Schluss Mehl und übrige Zutaten unterheben.

Mengt man der Grundmasse je 100 g Nüsse, Mandeln oder Rosinen bei, so ergibt das einen köstlichen Nuss-, Mandel- oder Rosinenkuchen.

Die Sandmasse eignet sich sehr gut für Obstkuchen und -torten.

Lebkuchenteig

Zutaten
für ca. 6 Personen

*** Variante 1: einfacher Lebkuchen**

Teig:
180 g Zucker
2 Eier
80 g Honig
Saft und Schale einer 1/2 Zitrone
1 Msp. Zimt
1 Msp. Nelken
250 g Fini's Feinstes Roggenmehl
1/2 P. Backpulver

Glasur:
200 g Staubzucker
4 EL Milch

Zubereitung

Aus den Zutaten einen Teig kneten. 1 Stunde rasten lassen. 3 mm dick ausrollen. Scheiben oder Rechtecke ausstechen, auf befettetem Blech bei 200 bis 220 °C und mittlerer Schiene 10 Minuten backen. Den ausgekühlten Lebkuchen glasieren und mit einer halben Mandel belegen. Für die Glasur Staubzucker und Milch verrühren.

*** Variante 2: einfacher Lebkuchen**

360 g Zucker
3 Eier
80 g Honig
1 KL Zimt
1 KL Nelken
Kardamom nach Belieben
1 KL Zitronensaft
560 g Fini's Feinstes Roggenmehl
1 P. Backpulver

Zubereitung wie Variante 1

Lebkuchen

Die Herstellung von Honiglebkuchen hat in Österreich eine lange Tradition. Insbesondere im Wallfahrtsort Mariazell in der Steiermark, wo einer der besten Lebkuchen Österreichs hergestellt werden soll, haben sie eine lange Geschichte. Das Marienheiligtum zog seit jeher Wallfahrer an, die gelabt werden wollten. Und die nahrhaften Lebzelten waren dafür die ideale Energieverpflegung. Schon 1655 wird in der Mariazeller Chronik ein „Burg und Lebzelter allhir" genannt.

Zutaten
für ca. 6 Personen

*** Variante 3: einfacher Lebkuchen**
240 g Zucker
2 Eier
60 g Honig
1 Msp. Nelken
1 Msp. Zimt
1 Msp. Neugewürz
Schale einer Zitrone
260 g Fini's Feinstes Roggenmehl
1/2 KL Natron

*** Variante 4: Figurenlebkuchen**
250 g Honig
100 g Butter
500 g Mehl
2 Eier
200 g Rohzucker
2 KL Gewürze: Zimt, Nelken, Ingwer, Anis, Zitronenschale
50 g Zitronat
50 g Nüsse
6 g Hirschhornsalz oder 1 P. Backpulver
2 EL Rum

*** Variante 5: Figurenlebkuchen**
400 g Rohzucker
4 Eier
120 g Honig
1 EL Gewürze: Zimt, Anis, Nelken, Neugewürz, Ingwer, Muskatblüte (der Reihenfolge nach immer kleinere Mengen)
Zitronenschale
560 g Fini's Feinstes Roggenmehl
1 KL Natron

Zubereitung

Zubereitung wie Variante 1

Honig mit Butter langsam erwärmen, Mehl einmengen. Eier, Zucker, Gewürze schaumig rühren. Mit dem geschnittenen Zitronat, den geriebenen Nüssen und dem in Rum gelösten Hirschhornsalz (als Alternative 1 P. Backpulver) unter die Mehlmasse mischen. Gut kneten. Wenn nötig, den Teig mit Mehl etwas festigen. Den Teig 10 mm dick ausrollen, Figuren ausstechen und bei 210 bis 230 °C auf mittlerer Schiene 8 bis 10 Minuten backen. Die ausgekühlten Figuren glasieren. (z. B. Kakaoglasur S. 37)

Zucker, Eier und Honig schaumig rühren. Gewürze beigeben. Mit Natron versiebtes Mehl einkneten. Den Teig 4 mm dick ausrollen. Figuren ausstechen, mit Ei bestreichen und bei 210 bis 230 °C auf mittlerer Schiene 8 bis 10 Minuten goldbraun backen.

Backpulverteig (Rührteig)

Zutaten

für ca. 6 Personen

*** Variante 1: Backpulverteig für vielseitige Verwendung**

150 g Butter
200 g Zucker
3–4 Eidotter
250 ml Milch
500 g Fini's Feinstes Weizenmehl universal
1 P. Backpulver
3–4 Eiklar

Zubereitung

Butter, Zucker und Eidotter schaumig rühren. Milch und den größten Teil des Mehls untermischen. Das restliche Mehl mit dem Backpulver versieben, gemeinsam mit dem Schnee untermengen. Bei 190 °C auf mittlerer Schiene 40 bis 60 Minuten backen.

*** Variante 2: Backpulverteig für vielseitige Verwendung**

400 g Fini's Feinstes Weizenmehl universal
1 P. Backpulver
150 g Butter
150 g Zucker
5 EL Milch
2 Eidotter
2 Eier

Mehl und Backpulver vermischen. Mit Butter abbröseln. Zucker, Milch, Eidotter und Eier hinzufügen. Rasch zu einem Teig verarbeiten.

*** Variante 3: Obstkuchen 1**

100 g Butter
150 g Zucker
3 Eier
Zitronenschale
1 EL Rum
200 g Fini's Feinstes Weizenmehl universal
1 KL Backpulver
500 g Obst

Zucker zum Bestreuen

Butter, Zucker und Eier schaumig rühren. Zitronenschale, Rum und mit Backpulver versiebtes Mehl untermengen. Masse auf befettetes Blech streichen, mit Obst belegen. Bei 200 bis 210 °C auf mittlerer Schiene 30 Minuten backen. Noch warm mit Zucker bestreuen, ausgekühlt aufschneiden. Saftiger wird dieser Kuchen, wenn man die geteilten Früchte mit Cognac oder Rum beträufelt.

Zutaten
für ca. 6 Personen

*** Variante 4: Obstkuchen 2**

120 g Butter
120 g Zucker
1 P. Vanillezucker
2 Eier
180 g Fini's Feinstes Weizenmehl universal
1/2 P. Backpulver
500 g Obst

Zucker zum Bestreuen

Zubereitung

Butter, Zucker und Eier schaumig rühren. Vanillezucker sowie mit Backpulver versiebtes Mehl untermengen. Masse auf ein befettetes Blech streichen und mit Obst belegen. Bei 200 bis 210 °C auf mittlerer Schiene 30 Minuten backen. Noch warm mit Zucker bestreuen, ausgekühlt aufschneiden. Saftiger wird der Kuchen, wenn man die geteilten Früchte mit Cognac oder Rum beträufelt.

Der Rührteig wird in erster Linie für die Zubereitung von Marmorkuchen, Gewürzkuchen, Gugelhupfen, Obstkuchen und Torten verwendet.

Tipp
Der Rührteig ist vielfältig einsetzbar. Er eignet sich für Kuchen, Torten, Schnitten und Rouladen. Er kann mit vielerlei Zutaten, Gewürzen und Früchten kombiniert werden.

Backteig

Zutaten

für ca. 6 Personen

*** Variante 1:**
Backteig mit Milch

250 ml Milch
2 Eidotter
Salz
200 g Mehl
2 Eiklar
30 g Zucker nach Belieben
1 EL Alkohol nach Belieben
(Wein, Bier oder Most)

Zubereitung

Milch, Salz und Eidotter kurz versprudeln. Das Mehl einrühren und zuletzt den Schnee unterheben. Zu lange gerührter Backteig wird zäh!

*** Variante 2:**
Backteig mit Wein

250 ml Wein oder Most
200 g Mehl
50 g Zucker
Zitronenschale
2 Eier

Zuerst Mehl und Wein verrühren. Danach andere Zutaten untermengen.

*** Variante 3:**
Backteig mit Bier

250 ml Bier
200 g Mehl
Salz
2 Eier
1 EL Öl

Zubereitung wie Variante 2

Diese 3 Grundrezepte können für verschiedene in Fett herausgebackene Mehlspeisen verwendet werden, z. B. Holunderstrauben.

Eiweißmasse

Zutaten
für ca. 6 Personen

*Pro Eiklar rechnet man mit ca. 60 bis 80 g Zucker.
500 ml Eiklarmenge entsprechen 8 Eiklar.*

Zubereitung

Nach Belieben können Zitronensaft, Kakao, Nüsse oder Schokolade beigemengt werden.

*** Variante 1:**

Das Eiklar zu Schnee schlagen. Die Hälfte des Zuckers (am besten Kristallzucker) einschlagen, den Rest (am besten Staubzucker) leicht unterheben.

*** Variante 2:**

Zucker und Eiklar über Dampf zu einer dicklichen Masse schlagen.

*** Variante 3:**

Ein Eiklar und 1 EL Wasser zu Halbschnee schlagen. Die Hälfte des Zuckers (Kristallzucker) beimengen und nochmals schlagen. Den restlichen Zucker (am besten Staubzucker) leicht unterheben.

Eiweißmassen werden bei 100 bis 140 °C 30 bis 60 Minuten lang auf mittlerer Schiene gebacken.
Fertige Eiweißbäckerei fühlt sich leicht und trocken an, bleibt aber dabei elastisch.
Übriges Eiklar kann in einem verschließbaren Behälter im Kühlschrank gesammelt werden.

Eiweißmasse dient als Grundlage für verschiedenste Eiweißbäckereien, kann jedoch auch als Schneehaube oder für Verzierungen verwendet werden.

Kapitel 2

Glasure

Das Tüpfelchen auf dem i

Um die Tüpfelchen nicht in Form von Bröckerln in der Glasur zu haben, heisst es – falls welche in der Masse sind –, sie ruhig und bedächtig durch ein Sieb zu passieren, denn all die schönen Handarbeiten wie Füllen und Glasieren erfordern Musse, um auch am Ende dieser Tätigkeiten noch eine gewisse Freude zu verspüren.
Der Glanz einer Glasur, durch das Tablieren und Temperieren entstanden, holt eine längst verloren geglaubte Zeit zurück.
Sollten Ihre Lieben es nicht immer beim eilig raschen Verschmausen realisieren können: Sie und ich, wir wissen, was Sie mit einer perfekten Creme geschaffen haben – eine Saftigkeit, die das Leben nicht immer bieten will und kann ...

nd Cremen zum Füllen

Glasuren

Wasserglasur

Zutaten

200 g Staubzucker
1 EL kochendes Wasser
Rum nach Belieben
Zitronensaft nach Belieben

Zubereitung

Den Zucker mit kochendem Wasser verrühren. Den Geschmack mit etwas Rum oder Zitronensaft verbessern. Weiterrühren, bis die Glasur glänzt.

Fondantglasur

Zutaten

1000 g Würfelzucker
330 ml Wasser

Diese Menge ergibt eine Glasur für 2 bis 3 Torten.

Zubereitung

Zucker und Wasser zum Kochen bringen. Bis zum Kochbeginn rühren. Während des Kochens vom Rand des Geschirrs mit einem nassen Pinsel Zuckerkristalle und Unreinheiten entfernen. Bis zum kleinen Flug kochen, im Wasserbad auskühlen, die Oberfläche mit kaltem Wasser bespritzen. Die lauwarme Masse mit einem starken Kochlöffel rühren, bis sie steif und weiß ist. Mit den Händen auf einer kalten Platte glatt kneten. Zum Glasieren die Fondantmasse im Wasserbad lippenwarm erwärmen. Wenn nötig, mit leicht gesponnenem Zucker oder Geschmackszutaten (Rum, Kaffee, Zitronensaft) verdünnen, bis sie glasierfähig ist.

Die Fondantmasse kann in einem geschlossenen Glas vorrätig gehalten werden.

Über das Kochen von Zucker

Zum Kochen des Zuckers eignet sich am besten Würfelzucker, weil er am reinsten ist. Am günstigsten ist es, Wasser und Zucker im Verhältnis 1 : 2 zu verwenden. Am besten löst man den Zucker in Wasser auf und bringt ihn unter ständigem Rühren zum Kochen. Während des Kochens sollte nicht gerührt werden. Die Zuckerkristalle und Unreinheiten am besten mit einem nassen Pinsel vom Geschirrrand entfernen. Die Zuckerlösung sollte leicht wallend kochen.

Das Einmaleins des Zuckerkochens:

Breitlauf: *Der kurz gekochte Zucker läuft breit über einen Löffel. Er eignet sich gut für Kompott und Dunstobst.*

Kleine Perle: *Den Zucker weiterkochen, bis ein abfließender Tropfen einen kleinen Faden nach sich zieht. Zucker in dieser Form eignet sich gut für Glasuren.*

Große Perle oder starker Faden: *Durch das Weiterkochen wird der Tropfen größer und der Faden stärker. Die Fadenprobe besteht darin, dass man etwas Zucker mit einem Löffel entnimmt und zwischen Daumen und Zeigefinger auseinander zieht, ohne dass der Faden reißt. Er eignet sich ebenfalls bestens für Glasuren.*

Kleiner Flug: *Bläst man auf eine in die Zuckerlösung getauchte Drahtschlinge, so fliegt der daran haftende Zucker in Form einer Blase weg. Diese Form eignet sich besonders gut für Fondantglasuren und Lebkuchenglasuren.*

Großer Flug: *Durch kurzes Weiterkochen fliegt beim Durchblasen eine Kette von Blasen weg. So ist der Zucker bestens für Eiweißmasse und zum Füllen von Schaumrollen geeignet.*

Bruch: *Beim Weiterkochen des Zuckers entstehen glasartige Blättchen. Damit lassen sich Früchte gut verzuckern.*

Zuckerfarbe: *Zuletzt wird der gesponnene Zucker braun und kann, mit Wasser aufgekocht, zum Färben von Glasuren verwendet werden.*

Zuckerglasur

Zutaten

200 g Würfelzucker
125 ml Wasser
200 g Staubzucker

Zubereitung

Würfelzucker und Wasser bis zur Perle kochen, in den fein gesiebten Staubzucker einrühren, bis die Glasur dickflüssig und glatt ist.

Rumglasur

Zutaten

Zuckerglasur
2 EL Rum

Zubereitung

Den Rum unter die Zuckerglasur rühren.

Punschglasur

Zutaten

Zuckerglasur
1 EL Zitronensaft
1 EL Orangensaft
1 EL Rum

Zubereitung

Zitronen-, Orangensaft und Rum unter die Zuckerglasur rühren.

Das Überziehen einer Torte mit Zuckerglasur

Zitronen- oder Orangenglasur

Zutaten

Zuckerglasur
2 EL Zitronen- oder Orangensaft

Zubereitung

Den Zitronen- oder Orangensaft unter die Zuckerglasur rühren.

Zitronenglasur 2

Zutaten

200 g Staubzucker
Saft einer Zitrone
etwas heißes Wasser

Zubereitung

Zucker und Zitronensaft, wenn nötig, etwas heißes Wasser, kräftig zusammenrühren. Eventuell im Wasserbad erwärmen.

Kaffeeglasur 1

Zutaten

Zuckerglasur
3 EL Bohnenkaffee

Zubereitung

Den Bohnenkaffee unter die Zuckerglasur rühren.

Kaffeeglasur 2

Zutaten

200 g Zucker
125 ml Bohnenkaffee
200 g Staubzucker

Zubereitung

Den Zucker mit Kaffee bis zur Perle kochen. Danach mit gesiebtem Staubzucker verrühren.

Eiweißglasur

Zutaten

1 Eiklar
ca. 150 g Staubzucker
etwas Zitronensaft

Zubereitung

Eiklar und fein gesiebten Zucker schaumig rühren. Mit Zitronensaft kräftig weiter verrühren, bis die Glasur gussfähig ist. Zum Spritzen noch etwas Zucker einrühren, damit eine spritzfähige Masse entsteht.

Dotterglasur

Zutaten

1 Eidotter
ca. 150 g Staubzucker
Zitronensaft

Zubereitung

Eidotter und fein gesiebten Staubzucker schaumig rühren. Mit Zitronensaft kräftig weiter verrühren, bis die Glasur gussfähig ist. Zum Spritzen noch etwas Zucker einrühren, damit eine spritzfähige Masse entsteht.

Karamellglasur

Zutaten

250 g Würfelzucker
etwas Butter

Zubereitung

Würfelzucker und Butter in einer dickwandigen, kleinen Pfanne zergehen lassen. Ständig rühren, bis die Masse gelb ist. Leicht überkühlen lassen und sofort verwenden. Glasierte Mehlspeise sofort nach Auftragen der Glasur mit bebuttertem Messer portionieren. Die Glasur härtet sehr rasch!

Kakaoglasur 1

Zutaten

200 g Staubzucker
30 g Kakao
20 g Butter
2–3 EL heißes Wasser

Zubereitung

Staubzucker mit Kakao versieben. Mit weicher Butter und heißem Wasser glatt rühren, bis eine glasurfähige Masse entsteht. Sofort glasieren!

Kakaoglasur 2

Zutaten

Eiweißglasur
1–2 KL Kakao
1 EL Wasser

Zubereitung

Eiweißglasur mit dem in Wasser aufgelösten Kakao verrühren. Diese Masse eignet sich besonders gut zum Glasieren von Lebkuchen.

Schokoladetunkmasse

Zutaten

150 g Schokolade
100 g Butter
1 EL Rum

Zubereitung

Die Schokolade im Wasserbad zergehen lassen. Weiche Butter und Rum einrühren. Weiterrühren, bis die Masse etwas ausgekühlt und streichfähig ist.

Die Tunkmasse eignet sich besonders gut für feine Bäckerei.

Gekochte Schokoladenglasur

Zutaten

120 g Schokolade
120 g Würfelzucker
5 EL Wasser
80 g Butter

Zubereitung

Die zerkleinerte Schokolade mit Zucker und Wasser aufkochen. Glatt rühren und in die überkühlte Masse Butter untermengen.

Gesponnene Schokoladenglasur

Zutaten

120 g Schokolade
250 g Zucker
125 ml Wasser

Zubereitung

Die Schokolade in einem engen Gefäß im Wasserbad lippenwarm erwärmen. Den lauwarmen Zucker, zur großen Perle gesponnen, einrühren, bis die Masse glatt und glasierfähig ist. Beim Rühren Blasenbildung vermeiden!

Schokoladeguss

Zutaten

100 g Schokolade
100 g Butter
Wasser oder Milch nach Bedarf

Zubereitung

Schokolade und Butter im Wasserbad erweichen. Mit lauwarmem Wasser oder Milch verdünnen.

Diese Glasur eignet sich bestens als Überguss für feine Palatschinken, Cremekrapfen oder gedünstete Birnen. Auch zum Glasieren von Torten kann sie verwendet werden.

Buttercreme eignet sich sowohl zum Füllen als auch Glasieren von verschiedenen Mehlspeisen

Cremen zum Füllen

Buttercreme 1

Zutaten

250 g Butter
150 g Zucker
1 P. Vanillezucker
1–2 Eidotter
Geschmackszutaten wie Schokolade, Kakao, Nüsse, Zitronensaft, Rum oder Kaffee nach Belieben

Zubereitung

Butter flaumig rühren. Zucker, Vanillezucker und Eidotter einrühren. Die Creme mit den Geschmackszutaten fertig stellen.

Buttercreme 2

Zutaten

250 g Butter
250 ml Milch
100 g Zucker
2 Eidotter
30 g Puddingpulver
Geschmackszutaten wie Kakao, Nüsse, Zitronensaft oder Rum nach Belieben

Zubereitung

Butter flaumig rühren. Milch, Zucker, Eidotter und Puddingpulver kalt verrühren, unter ständigem Rühren aufkochen oder über Dampf dick aufschlagen. Überkühlen und löffelweise mit dem Schneebesen unter die Butter rühren. Creme abschmecken. Eventuell nachzuckern.

Buttercreme 3

Zutaten

250 g Butter
4 Eier
200 g Zucker

Zubereitung

Butter flaumig rühren. Eier und Zucker über Dampf dick aufschlagen. Kühl schlagen und löffelweise unter die Butter rühren.

Schokoladencreme 1

Zutaten

250 g Butter
2 Eidotter
100 g Schokolade
100 g Zucker

Zubereitung

In die flaumig gerührte Butter erweichte Schokolade, Eidotter und Zucker einrühren.

Schokoladencreme 2

Zutaten

Buttercreme 2 oder 3
100 g Schokolade oder
50 g Kakao
Staubzucker nach Belieben

Zubereitung

Unter die fertige Buttercreme erweichte Schokolade oder Kakao und Zucker nach Geschmack einrühren.

Mokkacreme 1

Zutaten

250 g Butter
250 ml Bohnenkaffee
3 Eidotter
150 g Zucker
10 g Maisstärke

Zubereitung

Bohnenkaffee, Eidotter, Zucker und Maisstärke über Dampf dickschaumig schlagen. Kalt schlagen und unter die flaumig gerührte Butter mengen.

Mokkacreme 2

Zutaten

Buttercreme 2 oder 3
2 TL Pulverkaffee
1 EL Rum nach Belieben

Zubereitung

Unter die fertige Buttercreme entweder Pulverkaffee oder in Rum aufgelösten Pulverkaffee rühren.

Orangencreme

Zutaten

250 g Butter
150 g Zucker
3 Eidotter
Saft und Schale von
1–2 Orangen

Zubereitung

Unter die erweichte, sehr flaumig gerührte Butter Zucker, Eidotter, Orangensaft und Orangenschale mengen.

Vanillecreme 1

Zutaten

250 g Butter
250 ml Obers oder Milch
140 g Zucker
4 Eidotter
20 g Maisstärke
2 P. Vanillezucker

Zubereitung

Obers, Zucker, Eidotter, Maisstärke und Vanillezucker über Dampf dickschaumig schlagen. Überkühlen und löffelweise unter die flaumig gerührte Butter mengen.

Vanillecreme 2

Zutaten

250 ml Milch
2 Eidotter
40 g Mehl und 30 g
Vanillepuddingpulver
60 g Zucker
Eiweißmasse aus 2 Eiklar
und 40 g Zucker

Zubereitung

Milch, Eidotter, Mehl, Vanillepuddingpulver und Zucker glatt verrühren. Unter ständigem Rühren aufkochen. In die noch ganz heiße Creme die steife Eiweißmasse unterheben und zugedeckt auskühlen lassen.

Pariser Creme

Zutaten

250 ml Obers
250 g Kochschokolade

Zubereitung

Die Schokolade klein schneiden und mit dem Obers im Wasserbad zum Kochen bringen. Kalt rühren, bis sich die Masse zum Glasieren oder Dressieren (Spritzen und Verzieren von Süßspeisen) eignet.

Kapitel 3

Brand

Dem Himmel so nah

O Ja bitte, wo ist er denn, der Mehlspeis-Himmel? Da kann's einem schon schwummrig werden bei all diesen knusprig blätternden Schichten ...
Wussten Sie, dass Sie 144 Lagen bzw. Schichten in einen Blätterteig zaubern ... und diese durch Wasserdampf, heisse Luft, 200 °C und 20 Minuten Backzeit zum Himmel werden lassen? Doch davor müssen Sie durch die Hölle ... die Anleitung dazu in diesem Kapitel.

Sollten Sie einen bequemen Einstieg in die Welt des Backens suchen, nehmen Sie den Brandteig her – schnell, sauber und in kurzer Zeit sind Sie damit erfolgreich!
Gut abbrennen (rösten), Krapferln oder Eclairs (auf Deutsch „Liebesknochen“) aufspritzen und abfallend backen, das heisst, sehr heiss beginnen und die Temperatur dann langsam absenken.

Köstlichkeiten aus Blätter- und Plunderteig

Brandteig

Cremekrapfen

Zutaten
für ca. 6 Personen

Teig:
125 ml Wasser
50 g Butter
Salz
20 g Zucker
110 g Mehl
3 Eier

1 Eiklar zum Bestreichen

Creme:
250 ml Milch
2 Eidotter
40 g Mehl oder
30 g Maisstärke
60 g Zucker

Eiweißmasse:
2 Eiklar
40 g Zucker

125 ml Obers
20 g Zucker zum Bestreuen

Schokoladeguss zum Betropfen

Zubereitung

Den Brandteig (siehe Grundrezept S. 20) zu Krapfen formen und backen. Ausgekühlt durchschneiden. Mit Creme und Schlagobers füllen. Mit Staubzucker bestreuen oder mit Schokoladeguss betropfen (Rezept S. 38).

Für die Creme Milch, Eidotter, Mehl und Zucker glatt verrühren und unter ständigem Rühren aufkochen. In die noch ganz heiße Creme die sehr fest ausgeschlagene Eiweißmasse unterheben und zugedeckt auskühlen lassen.

Die Creme gelingt besser, wenn man Eidotter, Mehl und Zucker mit etwas kalter Milch anrührt und unter ständigem Rühren in die kochende Milch einlaufen lässt und dann ebenfalls sofort die Eiweißmasse unterhebt.

Die Creme kann auch im Wasserbad zubereitet werden.

Brandteigkrapferln mit Erdbeeren

Zutaten
für ca. 6 Personen

Teig:
125 ml Wasser
120 g Butter
1 Prise Salz
120 g Mehl
4 Eier

Fülle:
250 ml Schlagobers
Erdbeeren

Staubzucker zum Bestreuen

Zubereitung

Backrohr auf 250 °C vorheizen. Das Wasser mit Butter und Salz aufkochen lassen. Das Mehl einrühren und vom Herd nehmen. Nach und nach die Eier einrühren, bis ein glatter Teig entsteht. Die Masse mit einem Spritzbeutel auf ein Backblech spritzen und bei 250 °C 20 bis 30 Minuten backen. Wenn die Krapferln hellgelb sind, auf 200 °C zurückschalten. Ausgekühlt mit geschlagenem Obers und Erdbeeren füllen. Mit Staubzucker bestreuen.

Spritzkrapfen

Zutaten
für ca. 6 Personen

250 ml Wasser
50 g Butter
Salz
200 g Mehl
3 Eier
etwas Rum

Fett zum Ausbacken
Zucker zum Bestreuen

Zubereitung

Aus dem Brandteig mit einer Krapfenspritze oder einem Spritzsack ca. 10 cm lange Stücke ins heiße Fett spritzen. Goldgelb ausbacken, abtropfen lassen und mit Staubzucker bestreuen. Noch warm mit Kompott oder Fruchtsaft servieren.

Windbeutel

Zutaten
für ca. 6 Personen

250 ml Wasser
20 g Butter
20 g Zucker
Salz
150 g Mehl
4 Eier

Fett zum Ausbacken
Zucker und Schokolade zum Wälzen

Zubereitung

Aus dem Brandteig (Grundrezept S. 20) mit einem Esslöffel große Nocken herausstechen. Ins heiße Fett einlegen und goldbraun backen. Überkühlt in geriebener Schokolade und Zucker wälzen.

Brandteigstangerln

Zutaten
für ca. 6 Personen

Teig:
125 ml Wasser
50 g Butter
Salz
120 g Mehl
2 Eier

Creme:
250 ml Milch
2 Eidotter
20 g Maisstärke
40 g Zucker
100 g Butter

50 g Zucker zum Nachzuckern

Schokoladeguss:
100 g Schokolade
125 ml Wasser
10 g Maisstärke
20 g Butter
50 g Zucker

Zubereitung

8 cm lange Stangerln aus Brandteig auf ein befettetes Blech spritzen. Goldgelb backen, ausgekühlt aufschneiden, füllen und glasieren.

Für die Creme Milch, Eidotter, Maisstärke und Zucker kalt verrühren und aufkochen. Überkühlt unter die flaumig abgetriebene Butter rühren und nachzuckern.

Für den Schokoladeguss Wasser mit Schokolade, Maisstärke, Butter und Zucker aufkochen.

Rechts: Brandteigkrapferl

Blätterteig

Blätterteigkipferln

Zutaten
für ca. 6 Personen

Blätterteig laut Grundrezept S. 19

Ribiselmarmelade zum Füllen
1 Ei zum Bestreichen
30 g Nüsse oder Hagelzucker zum Bestreuen

Zubereitung

Den Blätterteig 3 mm dick ausrollen und in 5 cm breite und 15 cm lange Rechtecke schneiden.
Mit Ribiselmarmelade füllen, zusammenschlagen und zu Kipferln abbiegen. Auf ein befettetes Backblech legen, mit Ei bestreichen und mit geriebenen Nüssen oder Hagelzucker bestreuen. Bei 230 °C vorsichtig goldgelb backen.

Das klassische Frühstücksgebäck der Österreicher ist das Kipferl. Der Ursprung dieses halbmondförmigen Gebäcks lässt sich bis auf das Jahr 1000 zurückführen, wo es in St. Gallen in alten Urkunden vermerkt ist. Auch die Wiener Bäcker nehmen das Recht für sich in Anspruch, die Erfinder des Kipferls, im süddeutschen Raum auch als Gipfel bezeichnet, zu sein. Aus Freude über die Befreiung Wiens von der Türkenbelagerung im Jahre 1683, so geht die Legende, und auch, um die Türken zu verspotten – und überhaupt als Erinnerung an den Halbmond, soll diese Gebäckart vom Wiener Bäcker Peter Wendler erfunden worden sein.

Äpfel im Schlafrock

Schaumrollen

Zutaten
für ca. 6 Personen

Blätterteig laut Grundrezept S. 19

1 Ei zum Bestreichen
250 ml Schlagobers
50 g Zucker oder
4 Eiklar
140 g Zucker

Zubereitung

Den Blätterteig 2 mm dick ausrollen. 3 cm breite und 30 cm lange Streifen radeln. Vom engen Ende her gleichmäßig auf Schaumrolleneisen aufrollen. Eventuell mit verquirltem Ei vorsichtig bestreichen und bei 230 bis 250 °C vorsichtig backen. Ausgekühlt mit gezuckertem Schlagobers füllen und mit Staubzucker bestreuen. Statt Schlagobers kann zum Füllen auch über Dampf geschlagene Eiweißmasse verwendet werden.

Äpfel im Schlafrock

Zutaten
für ca. 6 Personen

Blätterteig laut Grundrezept S. 19

Fülle:
6 kleine Äpfel, geschält, Kernhaus ausgestochen
3 EL gehackte Nüsse
3 EL Marillenkonfitüre
1/2 TL Zimt

1 Ei zum Bestreichen

Zubereitung

Den Blätterteig 1 mm dick ausrollen und in 6 Quadrate von etwa 12 cm Seitenlänge schneiden. Nüsse, Marmelade und Zimt vermischen und die Äpfel damit füllen. Auf jedes Teigstück einen Apfel legen. Die Ecken mit Ei bestreichen, über den Äpfeln zusammenschlagen und oben mit einem runden Stückchen Teig verzieren. Mit Ei bestreichen und etwa 20 Minuten bei 180 °C backen. Am besten noch warm servieren!

Tipp
Gut geeignet ist Cox Orangenrenette, ein runder, eher kleiner, gut haltbarer Apfel, der beim Backen weich wird, aber nicht zerfällt.

Cremeschnitten

Zutaten

für ca. 6 Personen

Blätterteig laut Grundrezept S. 19

Vanillecreme für die Fülle (Rezept S. 41)
Zucker zum Bestreuen oder Zitronenglasur (Rezept S. 35)

Zubereitung

Blätterteig 3 mm dick ausrollen und in 10 cm breite Streifen schneiden. Auf das Backblech legen, mit einer Gabel anstechen und mindestens 10 Minuten kalt stellen. Die Streifen nach dem Backen (230 bis 250 °C) entweder quer durchschneiden, den Boden füllen und mit der zweiten Hälfte abdecken oder je zwei Streifen mit Fülle zusammensetzen. Die Deckplatte kann vor dem Aufsetzen glasiert werden oder sie wird nur mit Zucker bestreut. Anschließend in Portionen teilen.

Der Zuckerbäcker bäckt zwei gleich große Flächen, die er mit warmer Creme zusammensetzt und nach dem Auskühlen in Portionen teilt.

Blätterteigstangerln

Zutaten
für ca. 6 Personen

Blätterteig laut Grundrezept S. 19
Eiweißglasur (Rezept S. 36)

Zubereitung

Blätterteig 3 mm dick ausrollen, kurze Zeit kalt stellen. Mit zäher Eiweißglasur dünn bestreichen. In 7 cm lange und 2 cm breite Streifen radeln. Auf das Blech setzen, nochmals rasten lassen und vorsichtig backen. Die fertigen Stangerln können mit Spritzglasur verziert werden.

Tipp

Wichtige Backregeln für Blätterteig:
* *Backblech nicht befetten, evtl. mit kaltem Wasser befeuchten.*
* *Große Teigflächen bei 250 °C ins heiße Backrohr schieben, Kleingebäck bei 230 °C.*
* *Das Backrohr mindestens 10 Minuten nicht öffnen; bei Färbung des Gebäcks auf 180 bis 200 °C zurückschalten.*
* *Die Backdauer beträgt je nach Teigmenge bis 30 Minuten. Der gut ausgebackene Teig soll leicht und blättrig sein.*

Damenkaprizen

Zutaten
für ca. 6 Personen

Blätterteig laut Grundrezept S. 19

Eiklar zum Bestreichen
Ribiselmarmelade zum Füllen
250 ml Obers
30 g Zucker

Zubereitung

Den Blätterteig 3 mm dick ausrollen. 10 cm breite Streifen radeln und an den Rändern mit Eiklar bestreichen. Darauf 1 cm breite Teigstreifen setzen. Die Mulde nach dem Backen mit Marmelade füllen, mit Schlagobers verzieren und in Schnitten schneiden.

„Frauenlaune" heißt diese altehrwürdige österreichische Mehlspeise ... Ob eine launenhafte österreichische Konditorin hinter ihrer Erfindung steckt oder ob sie männlicher Feder entspringt, sei hier offen gelassen.

Plunderteig

Bärentatzen

Zutaten
ca. 12 Stück

Plunderteig laut Grundrezept S. 17

Fülle:
50 g geriebene Hasel- oder Walnüsse
50 g geschälte und geriebene Mandeln
100 g Zucker
1 EL Vanillezucker
1 TL Zimt

1 Ei zum Bestreichen

Zubereitung

Für die Fülle Nüsse, Mandeln, Zucker, Vanillezucker und Zimt mischen.
Den Teig ausrollen und in 8 x 8 cm große Quadrate schneiden. Eine Hälfte mit der Fülle belegen, die andere Hälfte darüber klappen. Die Ränder gut festdrücken. Die Teigtaschen an der Längsseite bis fast zur Hälfte dreimal einschneiden. Mit einem verquirlten Ei bestreichen. Die übrig gebliebene Fülle darüber streuen. Die Teigtaschen in Halbmondform auf ein befettetes Backblech legen. Die Tatzen 15 Minuten rasten lassen und bei 180 °C ca. 20 Minuten backen.

Plunderteigschnecken

Zutaten
ca. 12 Stück

Plunderteig laut Grundrezept S.17

Fülle:
100 g geriebene Nüsse
Zimt
100 g Zucker
Rosinen nach Belieben

Butter zum Bestreichen

Zubereitung

Den fertigen Teig messerrückendick ausrollen und in ca. 20 cm breite Bahnen schneiden. Mit flüssiger Butter bestreichen. Geriebene Nüsse, Zimt, Zucker und Rosinen nach Belieben darüber streuen. Einrollen und vorsichtig 2 cm breite Schnecken herunterschneiden. Mit der Schnittfläche nach unten auf das vorbereitete Blech geben. Etwas flach drücken und im Backrohr bei 220 °C etwa 20 Minuten backen.

Croissants

Zutaten
ca. 12 Stück

Teig:
500 g glattes Mehl
50 g Zucker
40 g Germ
2 Eier
125 ml Milch
ca. 60 ml Milch
50 g Butter
1/2 TL Salz
250 g Butter für den Plunderteig zum Einarbeiten

Zubereitung

Plunderteig laut Grundrezept S. 17 bereiten. Den fertigen Plunderteig gut messerrückendick zu einem Rechteck ausrollen. Daraus mit einem scharfen Messer ca. 12 cm große, gleichschenkelige Dreiecke schneiden. Diese von der Breitseite aus beginnend zu Kipferln rollen. Auf ein mit Backpapier ausgelegtes Backblech legen. Im vorgeheizten Rohr bei 220 °C ca. 20 Minuten backen. Die fertig gebackenen Croissants nach Belieben mit Staubzucker bestreuen.

Das Croissant, das „französische" Kipferl, ist in Österreich weit verbreitet, wird jedoch aus Plunderteig zubereitet. Das österreichische Kipferl hingegen kennt viele Zubereitungsarten, sei dies nun Blätterteig, Mürbteig oder Germteig.

Nussschleifen

Zutaten
ca. 12 Stück

Plunderteig laut Grundrezept S. 17
Fülle:
200 g geriebene Hasel- oder Walnüsse
70 g Zucker
1 EL Vanillezucker
2 EL Rum
ca. 60 ml heiße Milch

1 verquirltes Ei zum Bestreichen
Glasur:
150 g Staubzucker
1 EL Rum
2 EL heißes Wasser

Zubereitung

Den Teig 3 mm dick ausrollen.
Für die Fülle alle Zutaten in die heiße Milch einrühren und auskühlen lassen. Die Hälfte des Teiges damit bestreichen. Die zweite Teighälfte darüber klappen und leicht andrücken. Mit dem Teigrad Rechtecke von 7 x 10 cm ausradeln. In jedes Rechteck in der Mitte einen Querschlitz einradeln und ein Ende durch diese Öffnung ziehen. 20 Minuten rasten lassen. Mit Ei bestreichen und bei 200 °C im vorgeheizten Rohr ca. 20 Minuten backen.
Für die Glasur zum Staubzucker so viel Rum und heißes Wasser geben, bis eine zähflüssige Glasur entsteht. Das noch warme Gebäck damit bestreichen.

Nusskipferln

Zutaten

für ca. 6–8 Personen

Plunderteig laut Grundrezept S. 17
80 g Butter zum Bestreichen des Teiges

Fülle:
100 g geriebene Walnüsse, Mandeln oder Haselnüsse
20 g Semmelbrösel
40 g Rosinen
50 g Feinkristallzucker
1 Msp. Zimt

80 g Marillenmarmelade zum Bestreichen
60 g gehackte Haselnüsse oder Mandeln zum Bestreuen

Zubereitung

Den Plunderteig 3 mm dick ausrollen. Mit zerlassener Butter bestreichen und die übrigen Zutaten darauf verteilen. Nüsse, Semmelbrösel, Rosinen, Zucker und Zimt vermengen. Aus dem Teigfleck längliche Dreiecke ausschneiden (ca. 10 cm breit und 20 cm lang). Dreiecke zu den Spitzen hin einrollen und Kipferln formen. Auf vorbereitetes Blech legen und 20 Minuten gehen lassen. Mit Marmelade bestreichen und mit gehackten Nüssen bestreuen. Im gut vorgeheizten Backrohr bei 200 °C 20 Minuten backen.

Marzipan-Mandel-Kranz

Zutaten
für ca. 6–8 Personen

Teig:
500 g Plunderteig
(ca. 1/2 Grundrezept)
2 Eidotter zum Bestreichen

Fülle:
160 g Marzipan (Rohmarzipanmasse)
40 g Staubzucker
1 EL Vanillezucker
4 EL Rum
50 g Mandelblättchen

Mandelblättchen zum Bestreuen

Zubereitung

Den Teig 5 mm dick rechteckig ausrollen.

Für die Fülle den Marzipan zerkleinern und mit dem gesiebten Staubzucker, Vanillezucker und Rum verkneten. Diese Masse auf einer mit Staubzucker bestreuten Arbeitsfläche zu einem Streifen (in der Länge vom Plunderteig) ausrollen.
Den Plunderteig mit versprudelten Eidottern bestreichen. Marzipanstreifen darauf legen und die verbleibenden Ränder mit Mandelblättchen bestreuen. Den Teig zu einer Rolle formen und diese der Länge nach einmal durchschneiden. Aus den beiden Teilen einen Zopf drehen. In eine glatte Ringform (Savarinform) geben.
Zugedeckt noch eine 1/2 Stunde gehen lassen. Mit Eidotter bestreichen und mit Mandelblättchen bestreuen. Im vorgeheizten Backrohr bei 190 °C ca. 45 Minuten backen.

Kranzkuchen

Zutaten
für ca. 6–8 Personen

Plunderteig laut Grundrezept S. 17
Butter zum Bestreichen

Fülle:
100 g geriebene Nüsse
Zimt
100 g Zucker
Rosinen nach Belieben

Zubereitung

Den fertigen Plunderteig etwa 5 mm dick ausrollen. Mit flüssiger Butter bestreichen, füllen und einrollen. Ringförmig auf das vorbereitete Blech geben. Die Enden gut zusammendrücken! Die Oberseite mit einer gereinigten Schere der Länge nach im Abstand von 5 cm leicht einschneiden. Das Ganze 20 Minuten gehen lassen. Mit einem verquirlten Ei bestreichen. Bei 210 °C im vorgeheizten Backrohr ca. 50 Minuten backen.

Kapitel 4

Germteig

Vielfältig und verwandlungsfähig

Das geführte Gehen eines Teiges – welch eine Mystik ... ein Perpetuum Mobile des späteren Schmausens. Etwas, was sich fast ohne unser Zutun von selbst bewegt.

All das kann fast nur der Germteig.
Das wiederholte Zusammenwirken verändert ihn, macht ihn feinporiger ...
Dieser Teig lebt durch seine Mikroorganismen: ob salzig wie Brot und Pizza oder süss wie Nussstrudel, Brioche-Kipferln oder Gugelhupf. Er ist ca. 3000 Jahre alt und noch immer ein tägliches Erfolgserlebnis. Er braucht Ihre Wärme bei der Gestaltung und dankt mit enormer Saftigkeit. Wird der Germteig mit Butter wie Blätterteig in Lagen verarbeitet, ist's ein Plunder, im positiven Sinn. Schichtweise saftig gefüllt mit Topfen verlangt es einem sofort nach Kaffee ...

nmer im Trend!

Im Backrohr gebackener Germteig

Böhmischer Zopf

Zutaten

für ca. 6–8 Personen

Teig:
400 g glattes Mehl
1/2 TL Salz
30 g Germ
40 g Staubzucker
50 g Butter
125 ml Milch
Rum nach Belieben

Topfenfülle:
40 g Butter
1 Eidotter
40 g Staubzucker
1 EL Vanillezucker
20 g Vanillepuddingpulver
150 g Magertopfen
geriebene Schale einer Zitrone

Mohnfülle:
125 ml Milch
1 EL Honig
50 g Staubzucker
100 g gemahlener Mohn
1/2 TL Zimt
1 EL Rum

Marzipanfülle:
30 g Butter
100 g Rohmarzipan
50 g geriebene Mandeln
1 Ei
1 Eidotter
geriebene Schale einer Zitrone

Zubereitung

Germteig laut Grundrezept S. 14 bereiten und eine 1/2 Stunde an einem warmen Ort rasten lassen.

Für die Topfenfülle Butter, Eidotter, Staubzucker und Vanillezucker schaumig rühren. Puddingpulver, Topfen und Zitronenschale einrühren.

Für die Mohnfülle Milch, Honig und Zucker aufkochen lassen, Mohn dazugeben und nochmals unter ständigem Rühren aufkochen. Übrige Zutaten einrühren und auskühlen lassen.

Für die Marzipanfülle Butter, Marzipan, Mandeln, Ei, Eidotter und Zitronenschale mit dem Handmixer glatt rühren.

Den Teig messerrückendick zu einem Rechteck ausrollen. Längs in 3 gleich breite Streifen schneiden. Jeden Streifen mit der jeweiligen Fülle bestreichen. Die Teigstreifen der Länge nach einrollen. Aus den 3 Teilen einen Zopf flechten und diesen in eine befettete Kastenform legen. Nochmals 15 Minuten gehen lassen. Mit verquirltem Ei bestreichen. Bei 190 °C ca. 50 Minuten backen.

Savarin

Zutaten

für ca. 8 Personen

Teig:
250 g glattes Mehl
30 g Germ
125 ml Milch
1/2 TL Salz
80 g Butter
30 g Staubzucker
1 Ei
2 Eidotter

Sirup-Überguss:
250 ml Wasser
300 g Kristallzucker
2 EL Zitronensaft
125 ml Rum

Maraschino-Überguss:
8 EL Rum
5 EL Maraschino
4–5 EL Wasser
50 g Zucker
1 EL Vanillezucker

100 g Marillenmarmelade und 2 EL Rum zum Bestreichen
Früchte zum Füllen
Obers zum Verzieren

Zubereitung

Aus den Zutaten einen sehr feinporigen Germteig bereiten und diesen eine 1/2 Stunde rasten lassen. Savarinform gut mit Butter ausstreichen. Mit dem Teig bis zur halben Höhe füllen. Zugedeckt so lange gehen lassen, bis die Oberkante der Form erreicht ist. Im vorgeheizten Backrohr bei 200 °C etwa 30 Minuten backen. Das Gebäck in der Form erkalten lassen. Währenddessen Kristallzucker mit 250 ml Wasser und Zitronensaft für 3 Minuten kochen, von der Platte nehmen und danach Rum einrühren (oder Rum und Maraschino mit Zucker und Wasser kurz aufkochen lassen). Den Savarin auf ein Kuchengitter stürzen und mit dem noch warmen Überguss tränken. Marmelade und Rum verrühren, einmal aufkochen lassen und den Kuchen damit bestreichen. Früchte waschen, gut abtropfen lassen. Die Mitte des Savarins damit füllen. Mit steif geschlagenem Obers verzieren.

Als Savarin bezeichnet man einen Germteigring, der mit Rum durchtränkt ist. Er ist eine typisch wienerische Spezialität.

Buchteln (Wuchteln)

Zutaten

für ca. 6–8 Personen

Teig:
500 g Mehl
(250 g Fini's Feinstes Weizenmehl glatt,
250 g Fini's Feinstes Weizenmehl griffig)
70 g Staubzucker
70 g Butter
30 g Germ
ca. 250 ml Milch
3 Eidotter
1/2 TL Salz
geriebene Schale einer 1/2 Zitrone
1 EL Vanillezucker

100 g Butter zum Eindrehen und Bestreichen
Marillenmarmelade zum Füllen

Zubereitung

Germteig bereiten und eine 1/2 Stunde rasten lassen. Teig ausrollen und in 6 x 6 cm große Quadrate schneiden. In die Mitte einen Kaffeelöffel Marmelade geben. An den 4 Ecken den Teig zusammenführen und festdrücken. In zerlassener Butter drehen und mit der Naht nach unten in eine befettete Form schlichten. Zugedeckt 20 Minuten gehen lassen. Die Oberfläche nochmals mit Butter bestreichen. Bei 190 °C ca. 40 Minuten backen. In der Form leicht auskühlen lassen. Vorsichtig stürzen und mit Staubzucker bestreuen.

Jede Region Österreichs erhebt Anspruch darauf, die berühmten Buchteln erfunden zu haben. Tatsache ist, dass diese Mehlspeise aus Böhmen stammt und in der Kaiserzeit mit den böhmischen Köchinnen nach Österreich „importiert“ wurde. Den kulinarischen Feinschliff erhielten die Buchteln in Wien, wo ihre „Seele“, der böhmische „Powidl“ (Zwetschkenmus), durch Marillenmarmelade ersetzt wurde und der Wiener Dialekt die Buchteln zu „Wuchteln“ machte. Früher hütete jede gutbürgerliche Familie ihr eigenes „einzig wahres und echtes Buchtelrezept“. Der Germteig wird vier- bis fünfmal wieder „zusammengeschlagen“ und zum „Gehen“ wieder beiseite gestellt. Dadurch werden die Buchteln so seidig glatt, flaumig und locker, dass sie förmlich auf der Zunge schmelzen. Josefine Hawelka, heute schon weit über 90 und Chefin des legendären Cafés Hawelka in Wien, hat dieser runden Köstlichkeit Weltruhm eingebracht und erfreut ihre Gäste, zum Großteil echte „Mehlspeis-Tiger“, seit über 60 Jahren mit dem abendlichen Ruf: „Die Wuchteln sind fertig!“

Nuss-Schnecken-Kuchen

Zutaten

für ca. 8–10 Personen

Teig:
500 g glattes Mehl
1/2 TL Salz
30 g Germ
70 g Butter
70 g Staubzucker
3 Eier
125 ml Milch
1 EL Vanillezucker
63 ml Obers

Fülle:
400 g Walnüsse
1 TL Zimt
80 g Kristallzucker
2 EL Rum
60 g Butter
2 Eidotter

Zubereitung

Germteig bereiten und diesen eine 1/2 Stunde an einem warmen Ort rasten lassen.

Für die Fülle Nüsse hacken, mit Zimt, Zucker und Rum verrühren.

Butter leicht erwärmen und mit den Eidottern glatt rühren. Teig rechteckig ausrollen, mit Butter-Eidotter-Gemisch bestreichen. Nussmischung darüber streuen. In 5 cm breite Streifen schneiden, diese zu Schnecken einrollen.
Dicht nebeneinander in eine gut ausgefettete, runde Form geben.
Nochmals 10 Minuten gehen lassen.
Im vorgeheizten Backrohr bei 190 °C ca. 40 Minuten backen.

Topfenzopf

Zutaten

für ca. 6–8 Personen

Teig:
500 g glattes Mehl
120 g Staubzucker
100 g Butter
250 g Magertopfen
60 g Germ
1/2 TL Salz
2 Eier
125 ml Milch
4 EL Sauerrahm
1 EL Vanillezucker
geriebene Schale einer Zitrone
Rosinen, Sultaninen oder Aranzini zum Unterheben, 1 Ei zum Bestreichen, Mandelblättchen zum Bestreuen

Zubereitung

Aus den Zutaten einen festen Germteig bereiten und diesen eine 1/2 Stunde gehen lassen.
Anschließend Rosinen (Sultaninen oder Aranzini) unterkneten und nochmals 15 Minuten gehen lassen. Teig in 3 Teile schneiden und Stränge daraus formen.
Zu einem 3er-Zopf flechten.
Auf ein befettetes Blech geben und nochmals 10 Minuten gehen lassen.
Mit versprudeltem Ei bestreichen und mit Mandelblättchen bestreuen.
Im vorgeheizten Backrohr bei 190 °C ca. 45 Minuten backen.

Germgugelhupf

Zutaten

für 8–10 Personen

Teig:
500 g glattes Mehl
25 g Germ
100 g Zucker
1 EL Vanillezucker
1 Ei
5 Eidotter
150 g Butter
ca. 250 ml Milch
geriebene Schale einer Zitrone
1 EL Rum
250 g Rosinen zum Unterheben

Butter zum Befetten
30 g geschälte und geriebene Mandeln sowie Semmelbrösel zum Ausstreuen der Form
2 EL Staubzucker und 1 EL Vanillezucker zum Bestreuen

Zubereitung

Germteig bereiten und so lange an einem warmen Ort gehen lassen, bis er doppelt so hoch ist.
Dann den Teig zusammenschlagen und die Rosinen unterheben.
Die Gugelhupfform mit Butter gut befetten und mit Mandel-Semmelbrösel-Gemisch ausstreuen.
Den Teig in die Form füllen und nochmals gehen lassen.
Bei 180 °C ca. 45 Minuten backen.
Den erkalteten Gugelhupf mit Staub- und Vanillezucker bestreuen.

Patzerlgugelhupf

Zutaten
für ca. 8–10 Personen

Teig:
700 g glattes Mehl
80 g Butter
70 g Zucker
40 g Germ
3 Eidotter
1 TL Salz
ca. 250 ml Milch

Topfenfülle:
100 g Topfen
20 g Staubzucker
1 Ei
20 g Rosinen
Saft und geriebene Schale einer 1/2 Zitrone

Mohnfülle:
120 g gemahlener Mohn
1 EL Honig
20 g Zucker
1 Msp. Zimt
125 ml Milch
Saft und geriebene Schale einer 1/2 Zitrone

Nussfülle:
150 g geriebene Nüsse
20 g Zucker
20 g Semmelbrösel
ca. 125 ml heiße Milch
1 Msp. Zimt
3 EL Rum

Zubereitung

Germteig bereiten und eine 1/2 Stunde warm rasten lassen.

Für die Topfenfülle alle Zutaten gut verrühren.

Für die Nuss- und Mohnfülle die Milch aufkochen lassen und die übrigen Zutaten einrühren. Unter ständigem Rühren einmal aufkochen.

Den Teig in 24 Stücke teilen. Diese wie Buchteln verschiedenartig füllen. Abwechselnd in eine gut befettete Gugelhupfform geben. Nochmals ca. 20 Minuten gehen lassen. Bei 190 °C ca. 45 Minuten backen.

Wespennest

Zutaten

für 4–6 Personen

Teig:
400 g glattes Mehl
1/2 TL Salz
80 g Staubzucker
80 g Butter
3 Eidotter
2 Eier
125 ml Milch
125 ml Obers
30 g Germ
geriebene Schale einer Zitrone

Fülle:
100 g Butter
120 g gemahlener Mohn
120 g geriebene Walnüsse
100 g Rosinen
2 EL Rum
1 Msp. Zimt
80 g Kristallzucker

Butter zum Eindrehen

Zubereitung

Geschmeidigen Germteig bereiten und diesen eine 1/2 Stunde rasten lassen.
Auf der Arbeitsfläche den Teig 3 mm dick ausrollen. Mit zerlassener Butter beträufeln. Mit Mohn, Nüssen, Rosinen sowie der Zimt-Zucker-Mischung bestreuen.
Zu einem Strudel einrollen. 4 cm breite Scheiben abschneiden.
Die so entstandenen Schnecken in zerlassener Butter eindrehen und dicht nebeneinander in eine runde, feuerfeste Form schichten.
Zugedeckt nochmals eine 1/2 Stunde gehen lassen.
Im vorgeheizten Backrohr bei 190 °C etwa 40 Minuten backen. In der Form auskühlen lassen.

Tag-Nacht-Taler

Zutaten

ca. 20 Stück

Teig:
500 g glattes Mehl
1/2 TL Salz
40 g Germ
250 ml Milch
90 g Butter
80 g Staubzucker
2 Eier
geriebene Schale einer Zitrone

Helle Fülle:
250 g Magertopfen
110 g Staubzucker
2 EL Rum
3 EL Vanillepuddingpulver
2 Eidotter
geriebene Schale einer Zitrone

Dunkle Fülle:
250 ml Milch
70 g Kristallzucker
200 g geriebener Mohn
2 EL Rum
1 EL Vanillezucker
2 EL Semmelbrösel

1 Eidotter zum Bestreichen

Zubereitung

Germteig bereiten und an einem warmen Ort eine 1/2 Stunde rasten lassen.

Für die helle Fülle alle angegebenen Zutaten gut miteinander verrühren.

Für die dunkle Fülle Milch und Zucker aufkochen, Mohn einrühren und nochmals aufkochen lassen. Danach Rum, Vanillezucker und Semmelbrösel unterrühren – Fülle kalt stellen.

Germteig 5 mm dick ausrollen und 10 Minuten aufgehen lassen. Mit einem runden Ausstecher Kreise ausstechen. Etwas erhöhte Ränder formen. Mit Eidotter bestreichen. Die Teigkreise mit je 2 TL Topfenfülle und 2 TL Mohnfülle belegen (jeweils gegenüber). Auf vorbereitetem Blech nochmals 15 Minuten gehen lassen. Im vorgeheizten Backrohr bei 200 °C etwa 20 Minuten backen.

Süßes Brot

Zutaten
für ca. 4–6 Personen

Teig:
1 EL Vanillepuddingpulver
63 ml Weißwein
500 g glattes Mehl
1 TL Schweineschmalz (Butter)
3 EL Zucker
1 TL Salz
20 g Germ
250 ml Milch
geriebene Schale einer 1/2 Zitrone

Zubereitung

Das Puddingpulver in Weißwein gut auflösen.
Den Germteig (siehe S. 14) bereiten, wobei Milch und Wein zusammengegeben werden.
Den Teig gut rasten lassen.
Aus dem Teig 1 bis 2 Laibe formen.
Nochmals 15 Minuten gehen lassen.
Bei 200 °C ca. 45 Minuten backen.
Den heißen Laib nach dem Backen sofort mit Milch bestreichen.

Rohrnudeln

Zutaten
für 4–6 Personen

Teig:
500 g Fini's Feinstes Dinkelmehl
30 g Germ
2 EL Honig
250 ml Milch
1/2 TL Salz
60 g Butter
2 Eidotter
geriebene Schale einer Zitrone

60 g Butter und 2 EL Ahornsirup für die Form
6 EL lauwarme Milch zum Bestreichen

Zubereitung

Mittelfesten Germteig bereiten und 45 Minuten rasten lassen.
Eine große Auflaufform mit flüssiger Butter mehrmals ausstreichen. Ahornsirup auf den Formboden träufeln. Aus dem Teig eine Rolle formen und davon 20 Portionen abschneiden. Jede Portion zu einer glatten Kugel rollen. Dicht nebeneinander in die Form setzen.
20 Minuten zugedeckt gehen lassen.
Mit Milch bestreichen. Im vorgeheizten Backrohr bei 190 °C ca. 40 Minuten backen.
In der Form noch 10 Minuten auskühlen lassen.
Auf eine Platte stürzen und mit Zucker bestreuen.

Butterkuchen

Zutaten
für ca. 4–6 Personen

Teig:
300 g glattes Mehl
1/2 TL Salz
25 g Germ
40 g Butter
50 g Staubzucker
125 ml Milch
3 EL Obers
2 Eidotter

Belag:
120 g Butter
100 g Zucker
1/2 TL Zimt

Zubereitung

Germteig laut Grundrezept S. 14 bereiten und 20 Minuten rasten lassen.
Auf einem vorbereiteten Blech rechteckig ausrollen.
In Abständen von 2 cm kleine Mulden drücken und Butterflöckchen hineingeben.
Zucker-Zimt-Gemisch auf den Teig streuen. Teig nochmals 15 Minuten gehen lassen. Bei 190 °C ca. 25 Minuten backen.

Kürbiskernstriezerln

Zutaten
ca. 20 Stück

Teig:
500 g glattes Mehl
30 g Germ
50 g Zucker
250 ml Obers
125 ml Milch
1 EL Vanillezucker
1/2 TL Salz

1 Eiklar und
2 EL Feinkristallzucker zum Bestreichen
100 g in Zucker karamellisierte Kürbiskerne zum Bestreuen

Zubereitung

Germteig bereiten und eine 1/2 Stunde an einem warmen Ort rasten lassen.
Den Teig in ca. 20 Teile teilen und kleine Striezerln daraus flechten.
Auf das vorbereitete Backblech geben, nochmals 15 Minuten aufgehen lassen.
Eiklar mit Zucker versprudeln.
Striezerln damit bestreichen und mit Kürbiskernen bestreuen.
Bei 190 °C im vorgeheizten Backrohr ca. 20 Minuten backen.

Bienenstich

Zutaten
für ca. 4–6 Personen

Teig:
300 g glattes Mehl
1/2 TL Salz
20 g Germ
40 g Zucker
40 g Butter
ca. 125 ml Milch
geriebene Schale
einer 1/2 Zitrone

Belag:
125 ml Obers
100 g Honig
100 g Butter
200 g Zucker
300 g Mandelblättchen

Creme:
500 ml Milch
60 g Vanillepuddingpulver
50 g Zucker
1 TL Vanillezucker

Zubereitung

Feinen Germteig bereiten und diesen eine 1/2 Stunde rasten lassen.

Für den Belag Obers, Honig, Butter und Zucker langsam einmal aufkochen lassen. Die Mandelblättchen einrühren – überkühlen lassen.

Germteig zu einem Ziegel (ca. 32 x 10 cm) formen. Auf ein befettetes Blech legen und mit einer Gabel mehrmals einstechen. Nochmals 15 Minuten gehen lassen. Im vorgeheizten Backrohr bei 200 °C ca. 15 Minuten vorbacken. Belag auf den Teig streichen und weitere 20 Minuten backen. Puddingcreme als Fülle bereiten. Gebackenen, ausgekühlten Teig horizontal durchschneiden. Mit Puddingcreme bestreichen und gut durchkühlen lassen. Den oberen Teil in etwa 8 Teile schneiden und auf die Puddingcreme geben.

Mohn-Streusel-Kuchen

Zutaten

für ca. 4–6 Personen

Teig:
350 g glattes Mehl
1/2 TL Salz
40 g Butter
20 g Zucker
1 Ei
250 ml lauwarme Milch
20 g Germ
geriebene Schale
einer 1/2 Zitrone

100 g Marmelade zum
Bestreichen

Streusel:
60 g Butter
60 g Zucker
60 g geriebener Mohn
60 g geriebene (evtl.
geröstete) Haselnüsse
1 Msp. Zimt

Zubereitung

Germteig bereiten und diesen eine 1/2 Stunde rasten lassen.

Für den Streusel alle Zutaten gut miteinander verbröseln (Butter vorher zergehen lassen).
Den gegangenen Teig auf einem befetteten Blech ausrollen.
Mit Marmelade bestreichen. Mit Streusel bestreuen.
Das Ganze nochmals 20 Minuten gehen lassen.
Im vorgeheizten Backrohr bei 190 °C ca. 30 Minuten backen.

Nusszopf

Zutaten

für ca. 4–6 Personen

Teig:
700 g Fini's Feinstes Dinkelmehl
1/2 TL Salz
50 g Germ
ca. 500 ml Milch
70 g Butter
3 Eier
120 g Honig
Saft und geriebene Schale einer Zitrone

Fülle:
3 Eiklar
250 g Honig
300 g geriebene (evtl. geröstete) Haselnüsse
3 EL Kakao
3 EL Rum
63 ml Milch

1 Eidotter und 1 TL Milch zum Bestreichen

Zubereitung

Mittelfesten Germteig bereiten, 45 Minuten rasten lassen.

Für die Fülle das Eiklar zu Schnee schlagen. Honig langsam einschlagen. Geriebene Haselnüsse, Kakao und Rum unterheben. Mit etwas Milch zu einer streichfähigen Masse rühren.

Den Teig in zwei Hälften teilen und jede rechteckig ausrollen. Mit der Fülle bestreichen und von der Längsseite her einrollen. Die zwei Teigrollen locker miteinander verflechten. Die Teigenden ineinander stecken und mit Eiklar fixieren. Auf dem vorbereiteten Backblech 15 Minuten gehen lassen. Mit verdünntem Eidotter bestreichen.
Bei 190 °C ca. 60 Minuten backen.

Topfentascherln

Zutaten

ca. 10 Stück

Teig:
500 g glattes Mehl
1/2 TL Salz
30 g Germ
60 g Butter
60 g Staubzucker
250 ml Milch
1 EL Rum
geriebene Schale
einer Zitrone

Fülle:
60 g Butter
80 g Staubzucker
1 Ei
250 g Magertopfen
1 EL Rum
30 g Rosinen
1 EL Vanillezucker
geriebene Schale
einer 1/2 Zitrone

1 Ei zum Bestreichen

Zubereitung

Germteig bereiten und eine 1/2 Stunde rasten lassen.

Für die Fülle Butter schaumig rühren. Zucker und Ei gut unterrühren. Alle übrigen Zutaten vorsichtig unterheben.

Den Teig messerrückendick ausrollen. In 10 x 10 cm große Quadrate schneiden, diese in der Mitte mit je 1 EL Fülle belegen. Die vier Teigenden über die Fülle geben und in der Mitte mit einer Gewürznelke oder einem Mandelsplitter zusammenstecken. Nochmals 10 Minuten rasten lassen. Mit versprudeltem Ei bestreichen. Im vorgeheizten Backrohr bei 190 °C ca. 20 Minuten backen.

Topfengermteig

Zutaten
für ca. 4–6 Personen

Teig:
100 g Topfen
250 ml Milch
63 ml Obers
2 Eidotter
60 g Butter
500 g Fini's Feinstes Dinkelmehl
30 g Germ
1 TL Salz
70 g Zucker

Zubereitung

Bei der Teigzubereitung zuerst den Topfen mit Milch breiig rühren und erst dann mit den anderen flüssigen Zutaten vermengen. Dann die Masse unter die festen Zutaten geben.
Nach dem Abschlagen des Teiges diesen eine 1/2 Stunde rasten lassen.
Den Teig kann man unterschiedlich verarbeiten: entweder füllen oder Striezel, einen Gugelhupf oder andere Gebäckformen daraus herstellen.
Nochmals kurz rasten lassen.
Bei 190 °C ins vorgeheizte Backrohr geben und je nach Gebäckform goldgelb backen.

Burgenländischer Gugelhupf

Zutaten
für ca. 6–8 Personen

Teig:
700 g glattes Mehl (auch fein gemahlenes, gesiebtes Dinkelmehl)
250 ml Milch
40 g Germ
40 ml Rum (darin ca. 14 Stück Süßstoff auflösen)
100 g Zucker
1/2 TL Salz
2 große EL Schmalz
1 Ei
1 Eidotter
geriebene Schale einer 1/2 Zitrone
1 EL Vanillezucker
evtl. Rosinen und 2 EL Kakao

Staub- und Vanillezucker zum Bestreuen

Zubereitung

Einen nicht zu festen Germteig bereiten (evtl. Rosinen einrühren). Die Teigmenge kann halbiert werden: in einen Teil Kakao unterkneten. Beide Teile eine 1/2 Stunde rasten lassen.
Große Gugelhupfform gut befetten und bemehlen. Teig in die Form füllen (zuerst hellen, dann dunklen Germteig – oder umgekehrt). In der Gugelhupfform ca. 20 Minuten gehen lassen.
Bei 180 °C ca. 45 Minuten backen.
Den überkühlten Gugelhupf mit Staub- und Vanillezucker bestreuen.

Rein(d)ling

Zutaten
für ca. 4–6 Personen

Teig:
500 g Mehl
40 g Germ
80 g Butter
3 Eier
250 ml Milch
40 g Zucker
1/2 TL Salz

Fülle:
100 g Butter
120 g Kristallzucker
2 EL Zimt (evtl. auch etwas Kakao)
150 g Rosinen
120 g gehackte Walnüsse

Zubereitung

Mittelfesten Germteig bereiten. Eine 1/2 Stunde an einem warmen Ort zugedeckt rasten lassen, einmal zusammenschlagen und erneut aufgehen lassen.
Teig rechteckig (je nach Backformgröße) ausrollen. Mit flüssiger Butter bestreichen. Mit Zimt (Kakao), Rosinen, Zucker und gehackten Nüssen bestreuen. Teig der Länge nach einrollen und schneckenartig in eine befettete Form geben.
In das noch kalte, jedoch schon eingeschaltete Backrohr geben und bei 180 °C ca. 50 Minuten backen.
Aus der Backform stürzen. Mit Staub- und Vanillezucker bestreuen.

Zu Ostern isst man den Rein(d)ling mit Schinken, Eiern und Kren. Er ist ein in Kärnten beliebtes Frühstücks- und Jausengebäck zum Milchkaffee.

Rein(d)ling

Den Namen erhielt dieses Gebäck von der „Reine“, einer flachen Schüssel, in der es zu fast allen Festtagen im Jahres- und Lebenskreislauf gebacken wurde. Bekannt ist im Sprachgebrauch der so genannte „Kärntner Reinling“, der jedoch in Kärnten nach Mehlart, Backform oder Zweck die unterschiedlichsten Namen trägt. Zum Beispiel: W(o)azan, Türkenreinling, Schirbling, Schartl, Gotenreinling (als Patengabe zu Ostern und Allerheiligen), Wanderreinling (war zum Termin des Dienstbotenwechsels in vielen Orten üblich, meist in der Zeit um Lichtmess), Praitl (Rosentaler Osterreinling), Klosterle (im Nockgebiet um Bad Kleinkirchheim, zu Ostern und am Stefanitag üblich).
Es gibt noch viele verschiedene andere „Reinlingsformen“ – bekannt sind die so genannten „Reinkerln“, wie das Schmalzreinkerl, das Zuckerreinkerl und das sehr beliebte Honigreinkerl. Hierfür verwendet man eigene Backformen, die oben 10 bis 12 cm breit sind und nach unten schmaler werden und ca. 8 cm hoch sind. Der Teig wird auf die gleiche Weise eingefüllt wie beim großen Reinling und dann schneckenförmig in die Form eingelegt und gebacken. Mit einer Kletzenfülle kann der Reinling sogar das Kletzenbrot ersetzen. Auch im südlichen Burgenland, im Lienzer Becken, in Bayern und vielen anderen Gebieten findet man den Reinling – oft mit unterschiedlichen Füllungen.

Brezeln

Zutaten

ca. 12 Stück

Teig:
500 g glattes Mehl
40 g Germ
ca. 250 ml Milch
150 g Staubzucker
1/2 TL Salz
120 g Butter
3 EL Rum
60 g gehackte Mandeln
3 Eidotter
1/2 EL Vanillezucker
etwas Safran

1 Ei zum Bestreichen
40 g gehackte Mandeln
und/oder Hagelzucker
zum Bestreuen

Zubereitung

Germteig bereiten und zugedeckt an einem warmen Ort ca. 30 Minuten gehen lassen. Den Teig auf einer bemehlten Arbeitsfläche gut durchkneten und zu einer Rolle formen. Je nach Größe der Brezeln Stücke der Rolle abschneiden und zu Strängen formen, die in der Mitte etwas dicker als am Rand sind. Auf dem mit Backtrennpapier ausgelegten Backblech die Stränge zu Brezeln formen. Wenn man die Enden nicht einfach überkreuzt, sondern umeinander schlingt, erhalten die Brezeln eine schönere Form. Brezeln zugedeckt gehen lassen.
Mit versprudeltem Ei bestreichen und mit den gehackten Mandeln sowie dem Hagelzucker bestreuen. Im vorgeheizten Backrohr bei 180 °C ca. 30 Minuten backen.

Die Neujahrsbrezel als Glücksbringer

Brezeln

Obwohl die Brezel an vielen Orten auch zu anderen Festen üblich ist, ist ihr eigentlicher Bereich doch die Fastenzeit.
Etwa seit Mitte des 10. Jh. n. Chr. wurde sie bei kirchlichen Festen und während der Fastenzeit an Kinder und Arme verteilt. Ein alter Brauch ist es auch, dem Patenkind zur Taufe eine „Patenbrezel" zu übergeben. Bekannt war sie auch als Neujahrsbrezel.

Osterbrot

Zutaten
für ca. 4–6 Personen

Teig:
500 g glattes Mehl
30 g Germ
1/2 TL Salz
60 g Staubzucker
50 g Schweineschmalz (oder Butter)
250 ml Milch
1 EL Zucker
etwas Anis (wenn man es noch süßer zubereiten möchte, gibt man stattdessen Rosinen zum Teig)

etwas Milch zum Bestreichen

Ostern ist das wichtigste kirchliche Fest. Seinen Ursprung hat es im jüdischen Passahfest. Das Osterfest ist ein so genanntes „bewegliches" Fest, das jedes Jahr nach dem ersten Frühlingsvollmond gefeiert wird.

Ein in ganz Österreich bekanntes und äußerst beliebtes Brauchtumsgebäck zur Osterzeit ist das Osterbrot. Es kann sowohl süß als auch pikant zubereitet werden und wird am Karsamstag zusammen mit anderen Speisen in der Kirche geweiht. Es ist ein wichtiger Teil des traditionellen Osterfrühstücks.

Zubereitung

Mittelfesten Germteig bereiten und diesen eine 1/2 Stunde gehen lassen.
Aus dem Teig einen Laib formen.
Auf befettetes Blech geben und nochmals ca. 15 Minuten gehen lassen.
Mit Milch bestreichen.
Bei 170 °C ca. 45 Minuten backen.

Osterpinzen

Zutaten
ca. 4 Stück

Teig:
500 g griffiges Mehl
40 g Germ
160 g Staubzucker
140 g Butter
250 ml Milch
1 EL Vanillezucker
6 Eidotter
geriebene Schale einer 1/2 Zitrone

1 Eidotter zum Bestreichen

Zubereitung

Germteig bereiten und diesen an einem warmen Ort eine 1/2 Stunde gehen lassen (evtl. einmal zusammenschlagen und erneut aufgehen lassen).
Aus dem Teig 3 bis 4 Kugeln formen. Auf ein mit Backpapier ausgelegtes Blech geben.
Nochmals 15 Minuten gehen lassen.
Mit Eidotter bestreichen. Mit Schere oder Messer 3 symmetrische Einschnitte (tief genug!) machen.
Auf dem Backblech weitere 15 Minuten gehen lassen.
Im vorgeheizten Backrohr bei 190 °C ca. 45 Minuten backen.

Ein ebenfalls in Österreich sehr populäres Festtagsgebäck zur Osterzeit ist die Osterpinze. Sie stammt ursprünglich aus dem steirisch-slowenisch-kärntnerischen Grenzgebiet.

Gerührter Gugelhupf

Zutaten

für ca. 4–6 Personen

Teig:
60 g Rosinen
2 EL Rum
150 g Butter
100 g Staubzucker
1 EL Vanillezucker
1/2 TL Salz
Schale einer 1/2 Zitrone
5 Eidotter
35 g Germ
300 g glattes Mehl
125 ml Milch

Staubzucker
zum Bestreuen

Zubereitung

Rosinen mit Rum vermengen und 1 Stunde ziehen lassen. Butter schaumig rühren, Staubzucker, Vanillezucker, Salz und Zitronenschale einmengen. Eidotter nach und nach einrühren. Germ ins Mehl bröseln. Abtrieb, Rosinen und lauwarme Milch einkneten. Teig kurz abschlagen. Masse in befettete, bemehlte Gugelhupfform füllen. An einem warmen Ort ca. 30 Minuten gehen lassen (mit Tuch zudecken).
Im vorgeheizten Backrohr bei 190 °C etwa 50 Minuten backen (Nadelprobe). Auf ein Kuchengitter stürzen. Leicht überkühlen lassen und mit Staubzucker bestreuen.

Seinen Namen verdankt der Gugelhupf dem Orden der Kapuziner. Die Kapuze der Ordenskutte hieß früher Gugel.

Die Schauspielerin und langjährige Vertraute des Kaisers, Katharina Schratt, ließ in Bad Ischl für Kaiser Franz Joseph täglich einen frischen Gugelhupf anliefern.

Allerheiligenstriezel

Zutaten

für ca. 4–6 Personen

Teig:
500 g Mehl (halb griffiges, halb glattes Mehl)
20 g Germ
250 ml Milch
50 g Kristallzucker
100 g Butter
3 Eidotter
1 TL Salz
1 EL Vanillepuddingpulver
1 TL Vanillezucker
1/2 EL Rum

1 Ei zum Bestreichen
evtl. Hagelzucker (Mandelsplitter) zum Bestreuen

Zubereitung

Aus den Zutaten einen Germteig bereiten und an einem warmen Ort rasten lassen.
Einmal zusammenschlagen und erneut aufgehen lassen.
Den Teig durchkneten und in 6 gleich große Teile teilen.
Diese zu etwa daumendicken, gleich langen Rollen formen und flechten.
Geflochtenen Striezel auf das mit Backpapier ausgelegte Backblech geben und nochmals 20 Minuten rasten lassen.
Mit versprudeltem Ei bestreichen und nach Belieben mit Hagelzucker bestreuen.
Bei 180 °C ins noch kalte, bereits eingeschaltete Backrohr geben und ca. 45 Minuten backen.

In Österreich und Süddeutschland ist es mancherorts immer noch üblich, dass die Kinder von ihren Paten zu Allerheiligen einen Striezel geschenkt bekommen.

Viele Jahrhunderte lang wurde der Allerheiligenstriezel am 1. November auch von den Bäckern an ihre Kunden verschenkt. Schade, dass dieser Brauch ein Ende gefunden hat.

Potizze

Zutaten

für ca. 6–8 Personen

Teig:
500 g Fini's Feinstes Weizenmehl griffig
40 g Germ
250 ml Milch
60 g Zucker
80 g Butter
3 Eidotter
1/2 TL Salz
1 TL Vanillezucker
Schale einer 1/2 Zitrone
1 EL Rum

etwas Milch zum Bestreichen

Nussfülle:
125 ml Milch
80 g Zucker
evtl. Rosinen nach Belieben
2 EL Semmelbrösel
200 g geriebene Walnüsse
1 EL Rum
Saft und Schale einer Zitrone
1 TL Zimt

Mohnfülle:
125 ml Milch
60 g Zucker
evtl. Rosinen nach Belieben
30 g Semmelbrösel
150 g geriebener Graumohn
1 EL Rum
Saft und Schale einer 1/2 Zitrone
1 TL Zimt

Staub- und Vanillezucker zum Bestreuen

Zubereitung

Einen mittelfesten Germteig bereiten und diesen ca. eine 1/2 Stunde gehen lassen (evtl. einmal zusammenschlagen, nochmals gehen lassen).

Für die Fülle Milch mit Zucker und Rosinen aufkochen. Brösel und Nüsse oder Mohn einrühren, mit Rum, Zitronensaft und -schale sowie Zimt abschmecken. Gut auskühlen lassen.
Den Teig auf einer leicht bemehlten Arbeitsfläche rechteckig (je nach Backformgröße) ausrollen.
Die Fülle auf dem ganzen Teig verteilen, sodass ein Rand frei bleibt.
Von beiden Längsseiten beginnend den Teig bis zur Mitte zusammenrollen.
Mit der Oberseite nach unten in eine befettete Kastenform geben.
Mit Milch bestreichen und mit einer Spicknadel (oder Stricknadel, Spieß, Zahnstocher) anstechen (Luft kann entweichen, dadurch werden Hohlräume vermieden).
Bei 180 °C in das noch kalte, bereits eingeschaltete Backrohr schieben und ca. 50 Minuten (Nadelprobe) backen.
Auf ein Kuchengitter stürzen.
Leicht überkühlen lassen, nach Belieben mit Staub- und Vanillezucker bestreuen.

Zum typischen Weihnachtsgebäck gehört auch ein länglicher, gewickelter oder geflochtener Stollen, der die verschiedensten Namen trägt: Weihnachtsstriezel, Christstollen, Potizze ...

Christstollen

Zutaten
für ca. 6 –8 Personen

Teig:
500 g Mehl
250 ml Milch
40 g Germ
70 g Kristallzucker
1 Ei
120 g Butter
1 TL Salz
Schale einer 1/2 Zitrone
1 Msp. Muskat

Mit 63 ml Rum über Nacht ansetzen:
125 g grob geriebene Mandeln
250 g Rosinen
80 g Zitronat
80 g Aranzini

125 g Butter zum Bestreichen
Staub- und Vanillezucker zum Bestreuen

Zubereitung

Germteig bereiten und eine 1/2 Stunde rasten lassen. Teig auf die Arbeitsfläche geben und durchkneten, anschließend rechteckig ausrollen. Angesetzte Früchte und Mandeln schichtweise auftragen und einkneten.
Eine Kastenform mit Alufolie auslegen. Am Boden der Form eine Oblatenplatte auflegen. Gut durchgeknetete Masse in die Form geben, mit Alufolie abdecken. Bei 190 °C ca. 40 bis 50 Minuten backen, in den letzten 15 Minuten die Alufolie öffnen, damit der Stollen etwas Farbe bekommt. Nach dem Backen den Stollen in der Form gut auskühlen lassen. Ausgekühlten Stollen aus der Form geben und mit zerlassener Butter bestreichen. Abschließend den Stollen zuerst mit Vanillezucker, dann dick mit Staubzucker bestreuen.

Auch der Christstollen ist ein traditionelles Weihnachtsgebäck aus Germteig. Im Unterschied zur Potizze wird die Fülle nicht in den Teig gerollt, sondern in den Teig geknetet.

Köstliches aus mürbem oder kaltem Germteig

Brioches

ZUTATEN
ca. 12 Stück

Teig:
500 g glattes Mehl
1/2 TL Salz
40 g Staubzucker
40 g Germ
4 Eidotter
250 ml Milch
100 g Butter
geriebene Schale einer 1/2 Zitrone

1 Eidotter zum Bestreichen
Hagelzucker zum Bestreuen

Dieses feine Germgebäck ist eine typisch wienerische Spezialität und Teil jedes traditionellen Frühstücks.

ZUBEREITUNG

Einen mittelfesten Germteig bereiten und diesen gut abschlagen, damit er sehr feinporig wird. Über Nacht kalt im Kühlschrank rasten lassen.
Am nächsten Tag Kipferln formen und diese 20 Minuten an einem warmen Ort aufgehen lassen. Mit Eidotter bestreichen und mit Hagelzucker bestreuen.
Bei 230 °C im vorgeheizten Backrohr, je nach Größe des Gebäcks, ca. 20 Minuten backen.

Zubereitungsvariante:
Germteig bereiten und warm rasten lassen, währenddessen zweimal zusammenschlagen.
Gebäck formen und auf befettetes Blech legen. Dieses über Nacht kalt stellen.
Am nächsten Tag 15 Minuten an einem warmen Ort gehen lassen.
Mit Eidotter bestreichen und mit Hagelzucker bestreuen.
Bei 230 °C ca. 20 Minuten backen.

Nussbeugel

Zutaten
ca. 12 Stück

Teig:
siehe Grundrezept S. 16

Fülle:
200 g geriebene Nüsse
60 g Zucker
2 EL Semmelbrösel
1 EL Rum
ca. 125 ml heiße Milch
1 Msp. Zimt

Zubereitung

Mürben Germteig bereiten und rasten lassen.

Für die Fülle alle Zutaten in der heißen Milch unter ständigem Rühren einmal aufkochen. Auskühlen lassen.
Teig auf einer gut bemehlten Arbeitsfläche messerrückendick ausrollen.
In Rechtecke schneiden. In die Mitte der Länge nach einen Streifen Fülle geben. Darüber die Teigränder gut zusammendrücken.
Die Stücke mit der Nahtseite nach unten auf ein mit Backpapier ausgelegtes Blech geben. Beugel formen. Nochmals kurz gehen lassen.
Mit verquirltem Eidotter oder Ei bestreichen.
Bei 230 °C im vorgeheizten Backrohr ca. 25 Minuten backen.

Nuss-, Mohn- und Marmeladekipferln

Zutaten

ca. 12 Stück

Teig:
500 g glattes Mehl
200 g Butter
30 g Germ
40 g Staubzucker
1/2 TL Salz
3 Eidotter
ca. 250 ml Milch

Nussfülle:
150 g geriebene Nüsse
30 g Zucker
20 g Semmelbrösel
125 ml heiße Milch
1 Msp. Zimt
1 EL Rum

Mohnfülle:
150 g gemahlener Mohn
1 EL Honig
20 g Zucker
1 Msp. Zimt
125 ml heiße Milch
1 EL Rum
1 EL Vanillezucker

Marmeladenfülle:
jede beliebige Marmelade
1 Eidotter und 2 EL Milch zum Bestreichen
Hagelzucker zum Bestreuen

Zubereitung

Kalten (mürben) Germteig bereiten und kalt 1 Stunde rasten lassen.

Für die Nuss- oder Mohnfülle Milch erhitzen, die Zutaten einrühren und einmal aufkochen. Fülle auskühlen lassen.
Den Teig messerrückendick ausrollen. In 8 x 8 cm große Quadrate schneiden. Fülle in die Mitte des Teigquadrates geben. Kipferln formen.
Auf ein befettetes Blech geben. Zugedeckt 15 Minuten gehen lassen.
Mit versprudeltem Eidotter-Milch-Gemisch bestreichen. Hagelzucker darüber streuen.
Bei 190 °C im vorgeheizten Backrohr ca. 20 Minuten backen.

Kartoffelbrot

Zutaten
für ca. 6–8 Personen

Teig:
550 g Mehl
1/2 TL Salz
100 g Butter
40 g Germ
125 ml Milch
30 g Staubzucker
120 g gekochte, bereits ausgekühlte und passierte Kartoffeln
60 g Rosinen

1 Ei zum Bestreichen

Zubereitung

Das Mehl auf ein Brett geben, das Salz untermengen und die fein geschnittene Butter darin abbröseln.
Aufgelöste Germ, Milch, Zucker, Kartoffeln und Rosinen dazugeben.
Das Ganze auf einem Brett gut durchkneten.
Striezel oder Laib formen.
Auf ein befettetes Backblech geben.
Eine 1/2 Stunde warm rasten lassen.
Mit einem verquirlten Ei bestreichen.
Bei 180 °C ca. 45 Minuten backen.

Mürbe Walnusstascherln

Zutaten
ca. 12 Stück

Teig:
400 g glattes Mehl
1 TL Salz
50 g Staubzucker
200 g Butter
30 g Germ
3 Eidotter
1–2 EL Sauerrahm

Fülle:
3 Eiklar
120 g Staubzucker
120 g geriebene Walnüsse
1 Msp. Zimt

Staubzucker zum Wälzen

Zubereitung

Mürben Germteig bereiten und rasten lassen.

Für die Fülle Eiklar zu Schnee schlagen und den Staubzucker löffelweise einschlagen. Nüsse vorsichtig unterheben.
Den Teig auf gut bemehlter Arbeitsfläche ca. 4 mm dick ausrollen. Mit Krapfenausstecher Kreise ausstechen.
In der Mitte des Kreises etwas Fülle auftragen. Zusammenklappen und mit einer Gabel die Ränder etwas zusammendrücken. Auf mit Backtrennpapier ausgelegtes Blech geben. Nochmals kurz gehen lassen.
Im vorgeheizten Backrohr bei 190 °C ca. 20 Minuten backen. Noch warm in Staubzucker drehen.

In Fett herausgebackener Germteig

Faschingskrapfen

Zutaten

ca. 12 Stück

Teig:
500 g Fini's Feinstes Weizenmehl griffig
40 g Germ
etwa 250 ml Milch
4 Eidotter
60 g Butter
60 g Staubzucker
1 EL Vanillezucker
4 EL Rum
1/2 TL Salz
je einen 1/2 EL Zitronen- und Orangenschalen

Als Backfett kann Öl, Schweineschmalz oder Kokosfett verwendet werden.

Staubzucker zum Bestreuen

Zubereitung

Aus den Zutaten einen nicht zu festen Germteig (Grundrezept S. 14) bereiten und kurz gehen lassen.

Variante 1:
Teig fingerdick ausrollen und Krapfen ausstechen. Diese auf bemehlter, warmer Fläche aufgehen lassen und ausbacken, abtropfen lassen.
Etwas überkühlt können die Krapfen mit passierter Marillenmarmelade oder mit Vanillecreme gefüllt werden (dazu Spritzsack mit Krapfentülle verwenden).
Mit Staubzucker bestreuen.

Variante 2:
Aus kleinen Teigteilen Kugeln rollen und diese auf eine bemehlte Fläche geben. Mit der Hand flach drücken, zugedeckt gehen lassen (während des Gehens einmal umdrehen). Weiterer Vorgang – siehe Variante 1.

Bauernkrapfen

Zutaten
ca. 15 Stück

Teig:
350 g Mehl
1/2 TL Salz
30 g Germ
70 g Butter
35 g Staubzucker
5 EL Milch
3 EL Rum
1 EL Vanillezucker
3 Eidotter
1 Ei
Zitronenschale

Marmelade zum Füllen
Fett zum Ausbacken

Zubereitung

Germteig bereiten und eine 1/2 Stunde rasten lassen.
Teig ausrollen und runde Formen ausstechen. 15 Minuten rasten lassen.
Nun die Kreise von der Mitte her auseinander ziehen, sodass der innere Teigteil nur noch sehr dünn ist.
Nochmals 10 Minuten zugedeckt rasten lassen.
Im heißen Fett ausbacken (siehe Tipps S. 94), in der Mitte mit Marmelade füllen und mit Staubzucker bestreuen.

Krapfen

Krapfen haben eine sehr lange Tradition als beliebte Brauchtumsspeise, die nicht nur auf die Faschingszeit beschränkt bleibt.
So wurden Krapfen auch zur Schnitt- und Erntezeit, zu Hochzeiten, zu Weihnachten, Neujahr, Lichtmess, Ostern, Sonnwend und anderen Anlässen zubereitet.
Was auf dem Land eine kraftvolle Speise für harte Arbeitstage oder auch Festtage war, wurde in der Stadt zur „Luxusspeise“. Schon 1486 wurden in der „Köchordnung“ der Stadt Wien die „Krapfenpacherinnen“ (Krapfenbäckerinnen) erwähnt. Von da an war der Fasching ohne Krapfen unvorstellbar.
Eine Wiener Spezialität sind die mit Vanillecreme gefüllten Krapfen, die auch mit Zuckerglasur überzogen sein können. Im Bayerischen Wald sind teilweise noch die Karfreitagskrapfen aktuell. Es müssen immer 12 Stück sein – für jeden Apostel ein Krapfen.

Tipps

- *Wird griffiges Mehl verwendet, werden die Krapfen lockerer.*
- *Dem Teig unbedingt etwas hochprozentigen Alkohol (Rum oder Schnaps) beifügen, da dieser fettabweisend wirkt.*
- *Alle Zutaten müssen lauwarm sein.*
- *Frische Germ verwenden.*
- *Zugluft vermeiden (warmer Raum).*
- *Die Krapfen während des „Gehens“ einmal wenden.*
- *Langsam und gut gehen lassen, bis die Krapfen „federleicht“ sind.*
- *Zum Aufgehen auf ein bemehltes Tuch legen (bleiben sonst kleben).*
- *Mit einem weiteren Tuch zudecken (Teig trocknet sonst aus und wird beim Backen rissig).*
- *Krapfen mit der Oberseite voran ins heiße Backfett einlegen.*
- *Beim Backen der ersten Seite die Pfanne zudecken, damit die Unterseite des Krapfens ebenfalls aufgeht.*
- *Ohne Deckel die zweite Seite ebenfalls goldbraun backen lassen.*
- *Zum Herausbacken ist eine Fritteuse sehr gut geeignet. Die Krapfen saugen durch die hohe Geschwindigkeit des Backprozesses und die gleich bleibende Temperatur (ideal 160 bis 180 °C) weniger Fett auf.*
- *Die ideale Fetttemperatur in der Pfanne kann man feststellen, indem man einen Holzspieß oder einen Zahnstocher ins heiße Fett hält – sobald sich um diesen Luftbläschen bilden, kann man die Krapfen einlegen.*
- *Sehr wichtig ist die richtige Temperatur des Backfettes! Zu heißes Fett lässt die Krapfen außen zu schnell bräunen – innen bleiben sie roh. Zu wenig erhitztes Fett führt dazu, dass die Krapfen sehr viel Fett aufsaugen, schwer werden, absinken und keine „Randerln“ bekommen.*
- *Das Fett (Öl, Kokosfett, Schweineschmalz o. Ä.) soll möglichst geschmacksneutral sein und keine anderen Inhaltsstoffe (außer Fett) enthalten. Es raucht und schäumt ansonsten leicht.*
- *Der Krapfen muss in reichlich Fett schwimmen können.*
- *Nicht zu viele Krapfen auf einmal einlegen, da ansonsten die Temperatur zu stark sinkt.*
- *Backfett nicht überhitzen! Durch die Entwicklung des Giftstoffes Acrolein wirkt dieser Vorgang gesundheitsschädigend.*
- *Nach dem Backen die Krapfen auf einer Küchenrolle gut abtropfen lassen.*

Strauben

Zutaten

ca. 12 Stück

Teig:
500 g griffiges Mehl
1/2 TL Salz
30 g Germ
4 Eidotter
50 g Butter
50 g Staubzucker
2 EL Rum
250 ml Milch
geriebene Schale einer Zitrone

Fett zum Ausbacken (Öl, Schweineschmalz oder Kokosfett)

Staubzucker zum Bestreuen

Zubereitung

Germteig bereiten und diesen eine 1/2 Stunde rasten lassen.
Den Teig ca. 1 cm dick ausrollen. Vierecke (5 x 6 cm) ausradeln (mit Teigrad – Teig verzieht sich nicht – schöner Rand).
Zweimal längs durchradeln, sodass 3 Streifen entstehen, jedoch nicht bis zum äußersten Rand radeln.
Auf bemehlter Fläche zugedeckt 15 Minuten gehen lassen.
In heißem Fett schwimmend ausbacken (Oberseite mit zugedeckter Pfanne, bei der Unterseite in offener Pfanne fertig backen).
Gut abtropfen lassen (auf Küchenrolle).
Mit Staubzucker bestreuen.

Gebackene Mäuse

Zutaten

ca. 20 Stück

Teig:

300 g griffiges Mehl
30 g Germ
30 g Staubzucker
40 g Butter
1/2 TL Salz
ca. 250 ml Milch
3 Eier
1 EL Vanillezucker
2 EL Rum
geriebene Schale einer Zitrone

Fett zum Ausbacken (Öl, Schmalz oder Kokosfett)

Staubzucker zum Bestreuen

Zubereitung

Germteig bereiten und zu doppeltem Volumen aufgehen lassen.
Mit einem Esslöffel Nocken ausstechen und diese auf ein bemehltes Tuch geben.
Weitere 15 Minuten aufgehen lassen.
In einer tiefen Pfanne in reichlich heißem Fett schwimmend ca. 5 Minuten ausbacken (eine Seite mit zugedeckter Pfanne, nach dem Wenden offen fertig backen).
Aus dem Fett herausnehmen. Gut abtropfen lassen.

Mit Staubzucker bestreuen.

Vanillekrapferln

Zutaten

ca. 20 Stück

Teig:

500 g glattes Mehl
1/2 TL Salz
70 g Staubzucker
100 g Butter
40 g Germ
125 ml und 63 ml Milch
1 EL Vanillezucker
2 EL Rum
4 Eidotter
Schale einer Zitrone

Creme:

250 ml Milch
3 EL Vanillepuddingpulver
3 EL Kristallzucker
2 EL Rum
1 EL Vanillezucker
2 Eidotter

Staubzucker zum Bestreuen

Zubereitung

Mittelfesten Germteig bereiten und diesen an einem warmen Ort eine 1/2 Stunde rasten lassen. Den Teig in 20 gleich große Stücke teilen und diese zu Kugeln formen. Auf ein bemehltes Tuch geben, flach drücken und zugedeckt nochmals 15 Minuten gehen lassen. In die Mitte jeder Kugel jeweils eine Vertiefung drücken.
Die Krapfen in heißem Fett (170 °C) auf beiden Seiten goldbraun ausbacken.
Herausnehmen und gut abtropfen lassen.
Für die Creme aus den angegebenen Zutaten (außer Eidotter) einen Pudding kochen. Die Eidotter in die noch heiße Puddingcreme einrühren.
Krapfen zuerst mit Vanillecreme füllen, dann mit Staubzucker bestreuen und sofort servieren.

Dalken-Liwanzen

Zutaten

für ca. 6–8 Personen

Teig:
300 g glattes Mehl
1/2 TL Salz
20 g Germ
ca. 375 ml Milch
50 g Staubzucker
3 Eidotter
3 Eiklar

Marmelade oder Powidl zum Zusammensetzen

Staubzucker zum Bestreuen

Zubereitung

Aus den Zutaten einen sehr weichen (fast flüssigen) Germteig bereiten.
Aus dem Eiklar Schnee schlagen und unter den Teig heben.
Etwa eine 1/2 Stunde rasten lassen.
In einer Dalkenpfanne (Pfanne mit runden Vertiefungen) etwas Öl erhitzen.
Je 1 EL Teig hineingeben und beidseitig hellbraun backen.
Mit Marmelade oder Powidl zusammensetzen und mit Staubzucker bestreuen.

Liwanzen

Das Wort „Liwanze" kommt aus dem Tschechischen („livanec") und bedeutet so viel wie Gießen. Es sind dies aus dünnem Hefeteig in wenig Fett ausgebackene, handtellergroße Dalken bzw. Torteletten. Mit Powidl, Topfen oder saurem Rahm gefüllt sind sie eine Delikatesse. Das böhmische Küchengeschirr kennt eigene Liwanzenformen.

Trichterstrauben

Zutaten
für ca. 6–8 Personen

Teig:
500 g glattes Mehl
80 g Butter
20 g Germ
60 g Staubzucker
1 Ei
ca. 500 ml Milch
1/2 TL Salz
Fett zum Ausbacken

Staubzucker
zum Bestreuen

Zubereitung

Einen sehr weichen Teig bereiten und diesen eine 1/2 Stunde an einem warmen Ort rasten lassen.
Öl, Kokosfett oder Schweineschmalz in einer Pfanne erhitzen.
Den Germteig durch einen Trichter in das heiße Fett laufen lassen.
In der Mitte der Pfanne beginnen, ohne Unterbrechung weitergießen, bis die Oberfläche der Pfanne bedeckt ist.
Die Strauben beidseitig goldbraun backen.
Abtropfen lassen und mit Staubzucker bestreuen.

Niederösterreichische Spießkrapfen

Zutaten
für 8 Spieße

500 g Mehl
7 g Trockengerm
3 EL Zucker
1/2 TL Salz
250 ml Milch
2 Eidotter
100 g Butter

8 kleine, geschälte (ohne Kernhaus), in 1 cm dicke Ringe geschnittene Äpfel

Zubereitung

Mehl, Germ, Zucker und Salz gut vermischen. Die lauwarme Milch, Eidotter und die zerlassene Butter einlaufen lassen und zu einem glatten Teig verkneten. Zugedeckt warm stellen und auf das Doppelte gehen lassen. Nussgroße Kugeln ausstechen und abwechselnd mit Apfelringen auf einen Holzspieß reihen. In mäßig heißem Butterschmalz unter einmaligem Wenden schwimmend ausbacken. Noch heiß mit flüssigem Honig bestreichen und sofort servieren.

Die Zubereitung von Spießkrapfen trägt einen Hauch von Bauernjahrmarkt-Atmosphäre in Ihr Haus. Sie sind eine originelle Idee für Kinderfeste.

In Wasser bzw. Dampf gegarter Germteig

Dampfnudeln

Zutaten
ca. 12 Stück

Teig:
400 g glattes Mehl
1/2 TL Salz
20 g Germ
50 g Staubzucker
etwa 250 ml Milch
70 g Butter
2 Eier
geriebene Schale
einer 1/2 Zitrone

Soße zum Einlegen:
250 ml Milch
80 g Butter
20 g Zucker

Staubzucker
zum Bestreuen

Zubereitung

Feinen Germteig bereiten. Zu doppeltem Volumen aufgehen lassen. Mit einem Esslöffel Stücke ausstechen. Zu Kugeln formen und auf ein bemehltes Brett legen. Zugedeckt eine 1/2 Stunde gehen lassen. Milch, Butter und Zucker in einer großen, flachen Kasserolle erhitzen. Die Nudeln hineinschlichten. Backrohr vorheizen. Nudeln zudecken und bei 170 °C ca. 30 Minuten gar ziehen lassen. Den Deckel erst nach beendeter Garzeit entfernen. Vorsichtig herausheben und mit Staubzucker bestreuen.

Niederösterreichische Spießkrapfen

Kapitel 5

Wie de

Orient und Okzident

Mit dem Strudel war ich auf vielen Österreich-Wochen. In besonderer Erinnerung ist mir in meinen frühen Jahren Jakarta in Indonesien geblieben, wo mich der Schweizer Küchenchef ersuchte, „den“ Gulasch dicker zu machen, damit der Apfelstrudel darin nicht versinkt ... Süss, sauer, scharf – fast wie die indonesische Küche.
Dieser auswärtige Opernball wurde ein Riesenerfolg – der Strudel, das Staatsopernballett und der junge Buchinger, der für die Show vor Fernsehkameras eine Zeitung unter den Teig legte und ... oh Wunder! ... der Teig war so dünn, dass man die Zeitung darunter lesen konnte ...
In den 80er Jahren wurde es dann durch meinen Cousin, den Strudelweltmeister, Mode, den Strudel zu schupfen, also mehr oder minder in der Luft zu verarbeiten. In Baden bei Zürich, am Bahnhofsplatz, erwischte einen meiner Strudel einmal der Wind, und der kann nicht lesen ...

Strudel die Welt eroberte

Kapuzinerstrudel

Zutaten
für 4–6 Personen

Teig:
300 g glattes Mehl
125 ml Milch
30 g Germ
2 EL Staubzucker
140 g Butter
1 Ei
1 Eidotter
1/2 TL Salz

Fülle:
125 ml Weißwein
4 EL Rum
1 Msp. Zimt
130 g Kristallzucker
100 g fein gehackte Walnüsse
150 g Mandelblättchen
70 g Rosinen
geriebene Schale einer 1/2 Zitrone

1 Ei zum Bestreichen
Schokoladespäne oder -flocken zum Bestreuen

Zubereitung

Mürben Germteig laut Grundrezept S. 16 bereiten und eine Stunde kalt rasten lassen.

Für die Fülle Weißwein mit Rum, Zimt und Zucker zum Kochen bringen. Nüsse, Mandelblättchen, Zitronenschale und Rosinen beimengen und alles noch einmal aufkochen.

Den Teig auf einem bemehlten Strudeltuch ca. 4 mm dick ausrollen. Die Fülle darauf verteilen, dabei einen 5 cm breiten Rand frei lassen. Mithilfe des Strudeltuches von beiden Seiten zur Mitte hin einrollen. Mit der Naht nach unten auf ein befettetes Blech geben.
Den Strudel eine weitere 1/2 Stunde gehen lassen.
Mit verquirltem Ei bestreichen. Im vorgeheizten Backrohr bei 180 °C etwa 50 Minuten backen. Den Strudel auf dem Blech erkalten lassen.
Portionieren, anrichten und mit Schokospänen oder -flocken verzieren.

Kapuzinerstrudel

Seinen Namen hat dieser typisch österreichische Strudel vom Orden der Kapuziner, der auf dem Gebiet des heutigen Österreichs seit über 400 Jahren tätig ist.

Walnussstrudel

Zutaten
für 4–6 Personen

Blätterteig:
laut Grundrezept S. 19

Fülle:
3 Eidotter
150 g Rohrzucker
100 g Butter
300 g Walnüsse
1/2 TL Zimt
40 ml Rum
1 verquirltes Ei zum Bestreichen

Staubzucker zum Bestreuen

Zubereitung

Blätterteig bereiten.

Für die Fülle Eidotter mit Butter und dem Rohrzucker in einer Schüssel schaumig rühren. Die Walnüsse mahlen und unter die Masse rühren. Zimt darüber streuen und den Rum darüber leeren. Alles gut verrühren.
Die Fülle soll geschmeidig, doch nicht zu feucht sein. Wenn sie zu trocken ist, ein wenig Milch beigeben.
Den Teig auf ein Geschirrtuch legen und ausrollen. Nun die Masse auf zwei Drittel des Teiges verteilen. Die Ränder einschlagen und den Teig mithilfe des Tuches fest aufrollen. Auf ein mit Backpapier ausgelegtes Backblech legen, mit dem verquirlten Ei bestreichen, mit einer Gabel ein paar Löcher stechen und bei 180 °C etwa 30 Minuten backen.
Lauwarm servieren und mit Staubzucker bestreuen.

Topfenstrudel

Zutaten

für 4–6 Personen

Topfenblätterteig:
125 g passierter Bauerntopfen
125 g Butter
150 g Dinkelvollmehl
1/2 Msp. Backpulver
1 Prise Salz

Fülle:
500 g Bauerntopfen
2 Eier
2 EL Rosinen
4 EL Rohrohrzucker
150 g Sauerrahm (oder Joghurt)
1 Prise Salz
geriebene Schale einer 1/2 Zitrone

Zubereitung

Für den Topfenblätterteig alle Zutaten mit der Küchenmaschine gut kneten, den Teig eine 1/2 Stunde kühl rasten lassen.

Für die Fülle alle Zutaten gut vermischen.

Den Topfenblätterteig halbieren, jeden Teil rechteckig ausrollen und jeweils mit der halben Menge der Fülle bestreichen, aber nur auf max. zwei Drittel der Teigfläche.

Nun den Teig mit der Fülle einrollen, die seitlichen Enden einschlagen und auf ein mit Backpapier belegtes Backblech legen.

Bei 180 °C backen, bis der Teig eine goldbraune Farbe bekommen hat (das kann bis zu 1 Stunde dauern).

Mohn-Apfel-Strudel

Zutaten
für 4–6 Personen

Strudelteig:
laut Grundrezept Seite 13 oder fertige Strudelblätter

Fülle:
50 g geriebene Walnüsse
4 EL Sauerrahm
50 g Zucker
3 geschälte und blättrig geschnittene Äpfel
Zucker
1 TL Zimt
geriebene Schale einer Zitrone
200 g Topfen
1 verquirltes Ei
2 EL Sauerrahm
50 g Zucker
20 g Vanillezucker
50 g Mohn
1 TL Vanillezucker
Milch
20 ml Rum

Butter zum Bestreichen

Zubereitung

Strudelteig bereiten.

Die geriebenen Nüsse mit Sauerrahm und Zucker vermischen.
Apfelscheiben in ein wenig Wasser und Zucker andünsten. Mit Zimt und der Schale einer 1/2 Zitrone würzen. Vom Herd nehmen und auskühlen lassen.
Topfen abtropfen lassen und mit dem verquirlten Ei, Sauerrahm, Zucker, Vanillezucker und der Schale der verbleibenden 1/2 Zitrone verrühren.
Geriebenen Mohn mit Vanillezucker und ein wenig Milch aufkochen, ein wenig Rum unterrühren und auskühlen lassen.
Eine Form bereitstellen und 8 Teigblätter auf die Größe der Backform zurechtschneiden. Ein Teigblatt in die Form legen und mit Butter bestreichen. Die halbe Menge der Nussmasse auf den Teig streichen. Mit einem Strudelblatt bedecken, mit Butter bestreichen und die Hälfte der Apfelscheiben darauf legen. Wieder mit einem Blatt bedecken, mit Butter bestreichen. Nun die Hälfte der Topfenmasse darauf streichen. Wieder mit einem Blatt bedecken, mit Butter bestreichen und nun die Mohnmasse darauf legen. Mit den restlichen Teigblättern und der anderen Hälfte der Füllen genauso verfahren. Die restlichen Füllen jedoch in umgekehrter Reihenfolge einschichten. Die letzte Schicht wieder mit Butter bestreichen.
Bei 180 °C etwa 45 Minuten backen.

Milchrahmstrudel

Zutaten
für 4–6 Personen

Strudelteig:
laut Grundrezept Seite 13 oder fertige Strudelblätter

Fülle:
10 Semmeln vom Vortag (alternativ Weißbrot)
250 ml Milch
100 g Butter
120 g Staubzucker
3 Eidotter
100 g Topfen
25 g Vanillezucker
Schale einer ungespritzten Zitrone
125 ml Sauerrahm
80 g Rosinen
60 ml Rum
3 Eiklar
40 g Zucker
Butter für die Form

Überguss:
250 ml Milch
50 g Zucker
1 Ei

Zubereitung

Strudelteig bereiten.

Die Rinde der Semmeln abschneiden und die Semmeln klein würfeln. In eine Schüssel geben und mit Milch übergießen.
Topfen abtropfen lassen.
Butter, Staubzucker und Eidotter schaumig rühren. Unter Rühren Topfen, Vanillezucker, geriebene Zitronenschale und Sauerrahm dazugeben.
Die Rosinen in den Rum einlegen.
Eiklar mit Zucker zu einem steifen Schnee schlagen. Vorsichtig unter die Eidottermasse heben.
Den Teig auf ein Geschirrtuch legen. Die Fülle auf zwei Drittel des Teiges streichen. Die abgetropften Rosinen darüber streuen. Mithilfe des Geschirrtuches zusammenrollen und in eine bebutterte Form geben.
Für den Guss die Milch mit Zucker und dem Ei verrühren. Rund ein Drittel über den Strudel gießen und ins Rohr stellen. Etwa 45 Minuten bei 180 °C backen. Immer wieder übergießen, bis die Flüssigkeit aufgebraucht ist. Warm servieren.

Als Klassiker der warmen Mehlspeisküche gilt der Milch- oder Millirahmstrudel, wie er auch liebevoll genannt wird. Das Wort „Millirahm" bezeichnet eine dickflüssige Vanille-Rum-Soße. Besonders in der Wiener Küche erfreut sich diese Köstlichkeit großer Beliebtheit.

Mostviertler Strudel

Zutaten
für 4–6 Personen

Strudelteig:
laut Grundrezept Seite 13
oder fertige Strudelblätter

Fülle:
60 g Butter
50 g Zucker
20 g Vanillezucker
2 Eidotter
150 g Topfen
2 EL Obers
350 g Äpfel
350 g Birnen
40 g Rosinen
Saft und Schale einer
unbehandelten Zitrone
2 EL gemahlene
Haselnüsse

Butter zum Bestreichen

Mostviertel heißt die leicht gebirgige Voralpenregion zwischen Ober- und Niederösterreich. Besonders bekannt ist sie aufgrund ihres reichhaltigen Anbaus von Äpfeln und Birnen, aus denen ein köstlicher Most hergestellt wird.

Zubereitung

Strudelteig bereiten.

Butter mit Zucker und Vanillezucker schaumig rühren. Eidotter nach und nach dazugeben und vermengen. Topfen abtropfen lassen und in die Buttermasse bröckeln. Gemeinsam mit etwas Obers gut verrühren.

Äpfel schälen, Kerngehäuse entfernen und blättrig schneiden. Mit den Birnen ebenso verfahren. Etwas Zitronensaft darüber träufeln.

Obst in die Topfenmischung geben und Zitronenschale darüber reiben. Dann die Rosinen beigeben und noch einmal gut verrühren.

Den Teig auf ein Geschirrtuch legen. Mit flüssiger Butter bestreichen. Haselnüsse darüber streuen. Nun die Masse auf zwei Drittel des Teiges verteilen. Die Ränder einschlagen und den Teig mithilfe des Tuches fest aufrollen. Auf ein Backblech legen, mit Butter bestreichen und bei 180 °C etwa 20 Minuten backen.

Apfelstrudel

Zutaten
für 4–6 Personen

Teig:
250 g Mehl
1 EL Öl
1 Prise Salz
1 Eidotter
125 ml lauwarmes Wasser

Fülle:
1000 g Äpfel
100 g Butter oder Fett
100 g Semmelbrösel
100 g Zucker
etwas Zimt
50 g Rosinen nach Belieben

1 Ei zum Bestreichen

Zubereitung

Strudelteig laut Grundrezept S. 13 bereiten.

Auf den dünn ausgezogenen Teig geröstete Semmelbrösel, feinblättrig geschnittene Äpfel, Zucker, Zimt und Rosinen streuen. Den ferigen Strudel mit verquirltem Ei bestreichen. Einrollen und bei 190 bis 200 °C auf unterer Schiene ca. 30 bis 40 Minuten backen.

Mindestens so berühmt wie für seine Lipizzaner und Mozartkugeln ist Österreich für seine Apfelstrudel. Sie fehlen auf der Speisekarte keines Cafés und Restaurants und gehören wohl zusammen mit dem Wiener Schnitzel zum traditionsreichen Standardmenü jedes österreichischen Haushalts. Als Apple Pie oder Apple Crumble sind sie auch im englischsprachigen Raum weit verbreitet.

Strudel mit Trockenfrüchten

Zutaten
für 4–6 Personen

Teig:
250 g Mehl
1 EL Öl
125 ml lauwarmes Wasser
Salz
1/2 EL Essig

Fülle:
300 g gemischte Trockenfrüchte
150 g Walnüsse
63 ml Rum
Saft von 2 Orangen
180 g Butter
30 g Staubzucker
Zitronenschale
1 TL Zimt
6 Eier
60 g Honig

40 g Butter zum Bestreichen

Zubereitung

Strudelteig bereiten und rasten lassen.

Für die Fülle die Trockenfrüchte klein schneiden und mit den grob gehackten Walnüssen, dem Rum und dem Orangensaft vermischen und ziehen lassen. Butter mit Staubzucker, Zitronenschale und Zimt schaumig schlagen. Eidotter nach und nach einrühren. Marinierte Früchte unter die Buttermasse heben, geschlagenen Honigschnee locker unterheben. Strudelteig ausziehen, zu zwei Dritteln mit der Fülle bestreichen, einrollen und auf dem Blech mit zerlassener Butter bestreichen. Bei 170 °C etwa 30 bis 45 Minuten backen.

Apfelschlangel

Zwetschken-Mohn-Strudel

Zutaten
für 4–6 Personen

Blätterteig:
laut Grundrezept Seite 19
oder fertige Strudelblätter

Fülle:
700 g Zwetschken
1 Vanillestange
125 ml Milch
40 g Zucker
2 EL Honig
200 g gemahlener Mohn
2 EL Rum
1 unbehandelte Zitrone
1 TL gemahlener Zimt

20 g zerlassene Butter
zum Bestreichen

Zubereitung

Blätterteig bereiten.

Zwetschken waschen, entkernen und vierteln. Vanillestange der Länge nach halbieren und das Mark herauskratzen.
Milch mit Zucker, Honig, dem Vanillemark und der Stange aufkochen lassen.
Mohn einrühren, aufkochen und leicht köcheln lassen. Vom Herd nehmen und Rum, geriebene Zitronenschale und nach Geschmack etwas Zitronensaft dazugeben. Auskühlen lassen. Den Teig auf ein Geschirrtuch legen. Mit flüssiger Butter bestreichen. Nun die Masse auf zwei Drittel des Teiges verteilen. Die Zwetschkenviertel darüber geben und mit etwas Zimt bestreuen. Die Ränder einschlagen und den Teig mithilfe des Tuches fest aufrollen. Auf ein Backblech legen, mit Butter bestreichen und bei 180 °C etwa 20 Minuten backen.

Apfelschlangel

Zutaten
für ca. 6 Personen

250 g Mehl
1 TL Backpulver
70 g Staubzucker
Schale einer 1/2 Zitrone
150 g Butter
1 Ei
2 EL Milch oder Rum

Fülle:
1000 g blättrig geschnittene Äpfel
je 2 EL Zitronensaft und Zucker
1 TL Zimt
2 EL Rosinen oder Mandelblättchen

Zubereitung

Äpfel vorbereiten und mit Zitronensaft beträufeln. Mehl mit Backpulver, Staubzucker, Zitronenschale und Salz vermischen, mit kalter Butter
verbröseln und mit dem Ei zu einem glatten Mürbteig verarbeiten. Die Hälfte kühlen und die andere zu einem 30 x 23 cm großen Fleck auswalken. In der Mitte mit der Hälfte der Äpfel, Zucker, Zimt, Rosinen und Mandeln belegen.
Den Teig von beiden Seiten über die Äpfel schlagen und mit der Naht nach unten auf ein befettetes Blech legen. Die zweite Hälfte des Teiges ebenso verarbeiten. Mit einem verquirlten Ei bestreichen und bei 180 °C etwa 25 Minuten backen.

Mohnstrudel

Zutaten
für 4–6 Personen

Blätterteig:
laut Grundrezept Seite 19 oder fertige Strudelblätter

Fülle:
500 g Mohn
200 g Zucker
150 g Semmelbrösel
375 ml Milch
100 g Rosinen
2 EL Kastanienhonig
geriebene Zitronenschale
1 Msp. Zimt
2 EL Marillenmarmelade

1 verquirltes Ei zum Bestreichen
Staubzucker zum Bestreuen

Zubereitung

Blätterteig bereiten.

Milch mit Zucker und Honig in einen Topf geben und aufkochen lassen. Den gemahlenen Mohn dazugeben und noch etwas erhitzen. Nun Brösel, Rosinen, Zitronenschale und Zimt beigeben.
Vom Herd nehmen und mit der Marillenmarmelade abschmecken.
Den Teig auf ein Geschirrtuch legen. Die Masse auf zwei Drittel des Teiges verteilen. Die Ränder einschlagen und den Teig mithilfe des Tuches fest aufrollen.
Auf ein Backblech legen, mit dem verquirlten Ei bestreichen und bei 180 °C etwa 20 Minuten backen. Mit Staubzucker bestreuen und servieren.

Auch für eine Nussfülle eignet sich dieses Rezept bestens!

Fülle:
1 Vanilleschote
250 g Zucker
50 g Butter
375 ml Milch
500 g geriebene Haselnüsse
160 g Semmelbrösel
geriebene Schale einer 1/2 Zitrone
1 Msp. Zimt
20 ml Rum

Vanilleschote der Länge nach halbieren, das Mark mit einem Messer herauskratzen und zusammen mit Zucker, Butter und Milch sowie der Schote in einem Topf aufkochen lassen. Geriebene Haselnüsse und Semmelbrösel dazugeben und verrühren. Nun Zitronenschale, Zimt und Rum beifügen. Noch einmal verrühren und vom Herd nehmen. Die Schote herausnehmen. Nussfülle auf dem ausgezogenen Strudelteig verteilen.

Der Mohnanbau hat im Waldviertel eine lange Tradition. In dieser nördlichsten Region Österreichs wird zur Zeit auf 500 ha Graumohn angebaut.
Das Mohndorf Armschlag ist über die Grenzen Österreichs hinweg berühmt für seinen Mohnlehrpfad und seine Mohnfeste.

Mürber Nussstrudel

Zutaten
für ca. 6–8 Personen

Teig:
250 g glattes Mehl
1 Prise Salz
100 g Butter
2 Eier
80 g Staubzucker
etwas abgeriebene Zitronenschale
1 EL Zitronensaft

Fülle:
100 g geriebene Hasel- oder Walnüsse
50 g Staubzucker
1 Msp. Zimt
1 Msp. Nelkenpulver
1 Ei
3–4 EL Milch

Zubereitung

Für den Teig das Mehl mit einer Prise Salz versieben und mit der Butter verbröseln. Eine Vertiefung machen, darin Staubzucker und die verquirlten Eier verrühren. (1 EL der verquirlten Eier zum Bestreichen des Strudels zurückbehalten!) Zitronensaft und -schale dazugeben und alles zu einem glatten Teig verkneten, den man rasten lässt, während die Fülle zubereitet wird.

Für die Fülle alle Zutaten miteinander vermengen und so viel Milch beifügen, dass sie sich gut streichen lässt.
Den Teig auf einem blechgroßen Backpapier ausrollen, die Fülle darauf streichen, dabei an den Rändern jeweils 1 cm frei lassen. Den Strudel zusammenrollen und mit dem Papier auf das Blech legen. Mit dem verquirlten Ei bestreichen. Im vorgeheizten Backrohr bei 160 bis 180 °C ca. 20 Minuten goldbraun backen. Anschließend noch 5 Minuten ohne Hitze im Rohr lassen.

Altösterreichische Apfelpittah

Zutaten
für 4–6 Personen

Strudelteig:
laut Grundrezept Seite 13
oder fertige Strudelblätter

Fülle:
500 g säuerliche Äpfel
150 g Zucker
150 g gehackte Mandeln
100 g Rosinen
2 EL Semmelbrösel
Schale einer ungespritzten Zitrone
Saft einer Limette
1 Msp. Zimt

Butter zum Bestreichen

Dieses Rezept stammt ursprünglich aus Ungarn und hielt in Zeiten der Donaumonarchie Einzug in die österreichische Küche.

Zubereitung

Strudelteig bereiten.

Äpfel schälen, Kerngehäuse entfernen und blättrig schneiden. In eine Schüssel geben und mit Limettensaft beträufeln. Zucker, Mandeln, Rosinen, Semmelbrösel, Zitronenschale und Zimt darunter mischen.
Den Strudelteig in 24 kleine Laibe teilen. Eine flache, große Pfanne oder ein Backblech mit Butter ausstreichen. 8 Teigschichten ausziehen. Jedes Strudellaibchen über die Pfanne ziehen, sodass ein wenig vom Teig darüber hängt. Jede Teigfläche mit zerlassener Butter bestreichen. Dann die Hälfte der Fülle darauf streichen.
Wieder 8 Teigschichten ausziehen und jede einzeln mit Butter bestreichen. Die zweite Hälfte der Fülle darauf streichen.
Nun die letzten 8 Teigschichten, wieder mit Butter bestrichen, darüber legen.
Der Teig wird am Rand heruntergedrückt und der überhängende Teil abgeschnitten.
Mit einer Gabel mehrmals einstechen.
Bei 200 °C im Rohr 30 Minuten backen. Nach der Hälfte der Backzeit in Stücke schneiden, entweder Rauten oder Quadrate. Mit Zucker bestreut servieren.

Quittenstrudel

Zutaten
für 4–6 Personen

Strudelteig:
laut Grundrezept Seite 13
oder fertige Strudelblätter

Fülle:
250 ml Wasser
100 g Rohrzucker
600 g Quitten
300 g Äpfel
Saft einer 1/2 Limette
100 g Pinienkerne
80 g flüssige Butter

Butter zum Bestreichen
Staubzucker
zum Bestreuen

Zubereitung

Strudelteig bereiten.

Wasser in einem Topf erhitzen. Den Zucker darin auflösen. Die Quitten schälen, das Kerngehäuse entfernen und in rund 2 cm große Stücke schneiden. In den Topf geben und 20 Minuten weich kochen. Aus dem Topf geben und abtropfen lassen.
Äpfel schälen, vierteln, entkernen und in Scheiben schneiden. Mit Limettensaft beträufeln, damit die Scheiben nicht braun werden.
Die Pinienkerne in einer Pfanne ohne Fett leicht anbräunen.
Strudelteig auf ein leicht bemehltes Küchentuch legen und mit der flüssigen Butter einpinseln. Zuerst die Äpfel, dann die Pinienkerne und schließlich die Quittenstücke auf den Teig legen. Den Teig mithilfe des Tuches einrollen und auf ein Backblech legen. Entweder das Blech vorher mit Butter bepinseln oder Backpapier verwenden. Den Strudel mit Butter bestreichen und bei 180 °C etwa 20 Minuten backen.
Auskühlen lassen und mit Staubzucker bestreuen.

Schmerstrudel

Zutaten
für 4–6 Personen

1. Teig:
350 g Schmer
160 g Mehl

2. Teig:
300 g Mehl
1 Msp. Salz
1 Ei
2 Eidotter
125 ml Sauerrahm
1 EL Rum
125 ml Wasser
Ribiselmarmelade

1 verquirltes Ei zum Bestreichen
Staubzucker zum Bestreuen

Als „Schmer" bezeichnet man rohes Schweinebauchfett.

Zubereitung

Der Schmerstrudel ist gewissermaßen die bäuerliche Variante eines Blätterteigstrudels. Schmer nennt man das rohe Bauchfett des Schweines. Es wird enthäutet, geschabt und dann fein faschiert.
Man bereitet zwei Teige.
Beim ersten Teig das faschierte Schmer mit dem Mehl verkneten und zu einem rechteckigen Ziegel formen, der ungefähr 2 cm dick sein soll.
Für den zweiten Teig Mehl auf eine Arbeitsfläche häufen. Dann Salz, Ei und 2 Eidotter sowie Sauerrahm, Rum und etwas Wasser in eine Mulde geben. Alle Zutaten zu einem mittelfesten Teig verkneten. Zugedeckt mit einem feuchten Tuch eine Stunde rasten lassen. Teig ausrollen und den ersten Teig darin einschlagen. Wie beim Blätterteig werden nun beide Teigsorten gemeinsam ausgerollt. Dann den Teig dritteln. Das eine Drittel über den Mittelteil einschlagen, das äußere Drittel darüber schlagen. Bevor der Teig wieder ausgewalkt wird, sollte er eine 1/2 Stunde an einem kühlen Ort rasten. Diesen Vorgang dreimal wiederholen.
Ribiselmarmelade auf den ausgerollten Teig streichen, Strudel einrollen. Mit verquirltem Ei bestreichen und bei 180 °C vorsichtig goldgelb backen. Mit Staubzucker bestreuen.

Herbststrudel

Zutaten
für 4–6 Personen

Strudelteig:
laut Grundrezept Seite 13 oder fertige Strudelblätter

Fülle:
2 Äpfel
2 Birnen
1 Limette oder Zitrone
100 g Pinienkerne
8 EL Semmelbrösel
150 g Zucker
1/2 TL Zimt
150 g gewürfelten Speisekürbis

Butter zum Bestreichen
Staubzucker zum Bestreuen

Zubereitung

Strudelteig bereiten.

Äpfel und Birnen schälen und blättrig schneiden. Mit Limetten- oder Zitronensaft beträufeln.
Die Pinienkerne in einer Pfanne ohne Fett leicht anrösten. Semmelbrösel mit etwas Zucker und Zimt ebenfalls anrösten. Äpfel und Birnen mit dem Kürbis und den Pinienkernen in einer Schüssel vermischen.
Den Teig auf ein Geschirrtuch geben. Mit den Semmelbröseln bestreuen.
Zwei Drittel des Teiges mit der Fruchtfülle bestreichen. Die Ränder einschlagen und den Teig mithilfe des Tuches fest aufrollen. Das Teigende sollte auf der Unterseite des Strudels liegen. Mit Butter bestreichen und bei 180 °C ca. 35 Minuten backen.
Aus dem Backrohr nehmen, etwas abkühlen lassen und noch lauwarm mit Staubzucker bestreuen. Mit Hollerröster (siehe S. 130) servieren.

Heidelbeer-Topfen-Strudel

Zutaten
für 4–6 Personen

Teig:
250 g Fini's Feinstes Weizenmehl glatt
20 g Germ
ca. 125 ml Milch
1/2 TL Salz
1 Ei

Fülle:
500 g Magertopfen
3 Eidotter
3 EL Vanillepuddingpulver
150 g Staubzucker
4 EL Rum
evtl. etwas Obers nach Belieben
geriebene Schale einer Zitrone
100 g Heidelbeeren

1 Ei zum Bestreichen

Zubereitung

Einen zarten, nicht zu festen Germteig bereiten und eine 1/2 Stunde rasten lassen.

Für die Fülle Topfen, Eidotter, Zitronenschale, Puddingpulver, Staubzucker und Rum glatt rühren. Bei Bedarf etwas Obers einrühren, sodass eine streichfähige Masse entsteht.
Den Teig auf einem leicht bemehlten Strudeltuch ganz dünn ausrollen. Etwa die Hälfte des Teiges mit Fülle bestreichen. Heidelbeeren darüber streuen. Zu einem Strudel einrollen. Auf ein entweder mit Butter bestrichenes oder mit Backpapier ausgelegtes Backblech geben. Den Strudel noch eine 1/2 Stunde gehen lassen. Mit verquirltem Ei bestreichen. Im vorgeheizten Backrohr bei 190 °C ca. 45 Minuten goldgelb backen. Mit Staubzucker bestreuen.

Weintraubenstrudel

Zutaten

für 4–6 Personen

Teig:
250 g Mehl
1 Prise Salz
1 Eidotter
1 EL Öl
125 ml lauwarmes Wasser

Fülle:
40 g Butter
250 g Topfen
125 ml Sauerrahm
3 Eidotter
3 Eiklar
70 g Kristallzucker
20 g Mehl
500 g kernlose Trauben

Butter zum Bestreichen

Zubereitung

Teig laut Grundrezept S. 13 bereiten.

Für die Fülle Trauben waschen und gut abtropfen lassen. Butter, Topfen, Sauerrahm und Eidotter cremig rühren. Eiklar mit Kristallzucker zu Schnee schlagen und mit dem Mehl unter die Topfenmasse heben. Fülle und Trauben auf einem Drittel des ausgezogenen Strudelteiges verteilen. Die Ränder einschlagen und den Teig mithilfe des Tuches fest aufrollen und mit Butter bestreichen. Bei 180 °C ca. 45 Minuten backen.

Himbeerstrudel

Zutaten
für 4–6 Personen

Strudelteig:
laut Grundrezept Seite 13
oder fertige Strudelblätter

Fülle:
250 ml Rahm
3 Eier
150 g Vanillezucker
1 Vanilleschote
1 Limette
3 EL Honig
8 EL Semmelbrösel
500 g Himbeeren

Zubereitung

Teig bereiten.

Für die Fülle Eier trennen. Vanillestange der Länge nach halbieren und das Mark herauskratzen. Eidotter mit Vanillezucker, geriebener Limettenschale, Vanillemark, Rahm und dem Honig schaumig rühren. Himbeeren waschen und gut abtropfen lassen.
Eiklar zu steifem Schnee schlagen und vorsichtig unter die Eidottermasse heben. Semmelbrösel mit etwas Zucker anrösten. Den Teig auf ein Geschirrtuch legen. Mit flüssiger Butter bestreichen. Brösel darüber streuen. Nun die Masse auf zwei Dritteln des Teiges verteilen. Die Himbeeren darauf legen. Die Ränder einschlagen und den Teig mithilfe des Tuches fest aufrollen. Auf ein Backblech legen, mit Butter bestreichen und bei 180 °C etwa 30 Minuten backen. Mit Staubzucker bestreut servieren.

Mariandlstrudel

Zutaten
für ca. 6–8 Personen

Strudelteig:
laut Grundrezept Seite 13 oder fertige Strudelblätter

Fülle:
50 g Butter
40 g Staubzucker
Zitronenschale
Vanillezucker
1 Prise Salz
250 g Topfen
2 Eidotter
188 ml Sauerrahm
30 g Mehl
2 Eiklar
60 g Kristallzucker
evtl. 50 g Rosinen
200 g Marillen

Zubereitung

Strudelteig bereiten.

Butter mit der Hälfte des Zuckers, Zitronenschale, Vanille und Salz schaumig rühren.
Topfen, Eidotter, Rahm und Mehl einrühren. Eiklar zu festem Schnee schlagen und den restlichen Zucker unterrühren. Die Topfenmasse auf ein Drittel der Blätter streichen und den Rest mit zerlassener Butter bestreichen. Die Topfenfülle mit den halbierten und entkernten Marillen belegen und zu einem Strudel zusammenrollen.
Mit Butter bestreichen und bei 180 °C ca. 30 Minuten (nach 15 Minuten am besten mit Alufolie abdecken) backen.

„Mariandl-andl-andl
Aus dem Wachauer Landl-Landl
Dein lieber Name klingt schon wie ein liebes Wort
Mariandl-andl-andl
Du hast mein Herz am Bandl-Bandl
Du hältst es fest und lässt es nie mehr wieder fort …“

Millionen von Österreichern kennen dieses Lied, gewidmet dem schönen Mariandl aus der Wachau im gleichnamigen österreichischen Film von 1961 mit Conny Froboess, Waltraut Haas und Hans Moser. Die Region Wachau, gelegen an der Donau, zeichnet sich durch ein besonders mildes Klima aus und ist berühmt für ihren Wein und ihre Marillen.

Heidelbeerstrudel

Zutaten
für 4–6 Personen

Teig:
Blätterteig laut Grundrezept S. 19 oder 1 Pkg. gekauften Blätterteig

Fülle:
150 g Butter
100 g Semmelbrösel
100 g Mandeln
100 g Zucker
400 g Heidelbeeren

1 Ei zum Bestreichen

Zubereitung

Blätterteig bereiten.

Butter zerlassen, Semmelbrösel und Mandeln darin rösten. Zucker und Heidelbeeren dazugeben. Die Mischung auf dem Blätterteig verteilen und einrollen.
Den Strudel auf ein befettetes Blech legen, mit dem verquirlten Ei bestreichen und bei 180 °C ca. 30 Minuten backen.

Sommerstrudel

Zutaten
für 4–6 Personen

Strudelteig:
laut Grundrezept Seite 13
oder fertige Strudelblätter

Fülle:
500 g Marillen
300 g Erdbeeren
250 g Rhabarber
1 Vanilleschote
15 g Vanillezucker
Saft einer 1/2 Limette
200 g Mandeln
20 g Zucker
30 g Butter

Zubereitung

Strudelteig bereiten.

Marillen waschen, entkernen und vierteln. Erdbeeren waschen, putzen und halbieren. Rhabarber schälen und in 2 cm lange Stücke schneiden.
Vanilleschote der Länge nach halbieren und mit einem Messer das Mark herauskratzen. Früchte in eine Schüssel geben.
Mit Vanillemark, Vanillezucker und Limettensaft leicht durchmischen. Nach Geschmack mit etwas Marillenbrand abschmecken. Die Hälfte der Mandeln stifteln und zu den Früchten geben. Die andere Hälfte der Mandeln mahlen und mit 15 g Butter und 20 g Zucker in einer Pfanne leicht anrösten. Restliche Butter in einem Topf zergehen lassen.
Den Teig auf ein Geschirrtuch legen. Mit einem Teil der flüssigen Butter bestreichen. Nun die Hälfte der Mandelbrösel auf zwei Drittel des Teiges verteilen. Früchte dazugeben. Den Rest der Brösel darüber streuen. Die Ränder einschlagen und den Teig mithilfe des Tuches locker aufrollen. Auf ein Backblech legen, mit der restlichen flüssigen Butter bestreichen und bei 180 °C etwa 20 Minuten backen.

Topfen-Marillen-Strudel

Zutaten
für 4–6 Personen

Teig:
250 g Mehl
1 Prise Salz
1 Eidotter
1 EL Öl
125 ml lauwarmes Wasser

Fülle:
50 g Butter
70 g Staubzucker
30 g Vanillepuddingpulver
1 EL Vanillezucker
geriebene Schale einer Zitrone
2 Eidotter
250 g Topfen
750 g reife Marillen

1 verquirltes Ei zum Bestreichen

Zubereitung

Strudelteig laut Grundrezept S. 13 bereiten. Ausrollen und ausziehen.

Für die Fülle handwarme Butter, Staubzucker, Puddingpulver, Vanillezucker und geriebene Zitronenschale schaumig rühren. Eidotter einzeln einrühren, Topfen unterrühren.
Die fertige Fülle in die Mitte des Teiges streichen (der Länge nach). Geviertelte Marillen darauf verteilen. Den Teig über die Fülle klappen (mit Ei zusammenkleben).
Mit der Naht nach unten auf ein mit Backpapier ausgelegtes Blech geben.
20 Minuten an einem warmen Ort gehen lassen.
Mit verquirltem Ei bestreichen.
Im vorgeheizten Backrohr bei 180 °C ca. 45 Minuten backen.

Kirschenstrudel

Zutaten
für 4–6 Personen

Blätterteig:
laut Grundrezept Seite 19 oder fertige Strudelblätter

Fülle:
600 g Kirschen
40 ml Amaretto
100 g Marzipan
63 ml Obers
60 g geriebene Mandeln
30 g Brösel
20 g Vanillezucker
20 g Butter

1 verquirltes Ei zum Bestreichen
Staubzucker zum Bestreuen

Zubereitung

Blätterteig bereiten.

Kirschen waschen und entkernen. In eine Schüssel geben und mit Amaretto beträufeln.
Marzipan im Wasserbad mit Obers unter Rühren zergehen lassen, sodass eine cremige Soße entsteht. Vom Herd nehmen und abkühlen lassen.
Die Mandeln mit den Bröseln, ein wenig Butter und dem Vanillezucker in einer Pfanne leicht anrösten.
Den Teig auf ein Geschirrtuch legen. Mit dem Marzipan bestreichen. Die abgekühlten Mandelbrösel darauf streuen.
Nun die Kirschen auf zwei Drittel des Teiges verteilen.
Die Ränder einschlagen und den Teig mithilfe des Tuches fest aufrollen.
Auf ein Backblech legen, mit dem verquirlten Ei bestreichen und bei 180 °C etwa 20 Minuten backen. Mit Staubzucker bestreuen und servieren.

Zwetschkenstrudel

Zutaten
für 4–6 Personen

Teig:
250 g Mehl
1 Prise Salz
1 Eidotter
1 EL Öl
125 ml lauwarmes Wasser

Fülle:
1000 g Zwetschken
100 g Butter
50 g Semmelbrösel
100 g Zucker
Zimt
50 g Nüsse

1 Ei oder Butter zum Bestreichen

Zubereitung

Den ausgezogenen Strudelteig (siehe Grundrezept S. 13) mit den in Butter gerösteten Semmelbröseln, geschnittenen und entkernten Zwetschken, Zucker, Zimt und geriebenen Nüssen bestreuen. Einrollen, nach Belieben mit Butter oder Ei bepinseln und bei 180 °C etwa 25 Minuten backen.

Adventstrudel

Zutaten
für 4–6 Personen

Strudelteig:
laut Grundrezept Seite 13 oder fertige Strudelblätter

Fülle:
150 g Butter
3 EL Honig
3 Eier
150 g Rosinen
200 g grob gehackte Datteln und Feigen
150 g Haselnüsse
15 g Ingwerwurzel

100 g Marillenmarmelade
30 g Butter zum Bestreichen
Staubzucker zum Bestreuen

Zubereitung

Strudelteig bereiten.

Butter mit dem Honig schaumig rühren. Eier trennen und die Eidotter unter die Butter rühren. Rosinen, Datteln, Feigen und geriebene Nüsse vermengen. Zur Buttermasse geben. Ingwerwurzel schälen und über die Masse reiben. Eiklar zu steifem Schnee schlagen und vorsichtig unter die Masse heben. Teig auf einem mit Mehl bestäubten Geschirrtuch dünn ausrollen. Mit Marmelade bestreichen und Mischung darauf verteilen. Die Ränder einschlagen und den Teig mithilfe des Tuches fest aufrollen. Auf ein mit Backpapier ausgelegtes Backblech legen, mit Butter bestreichen und bei 180 °C etwa 40 Minuten backen. Mit Staubzucker bestreut servieren.

Birnenstrudel

Zutaten
für 4–6 Personen

Strudelteig:
laut Grundrezept Seite 13 oder fertige Strudelblätter

Fülle:
6 Birnen
200 g Rosinen
200 g Mandeln
150 g Zucker
Saft einer Zitrone
40 ml Williamsbirnen-brand
100 g Butter
3 EL Semmelbrösel
50 g Zucker
1 TL Zimt
50 g Schokolade

Zubereitung

Strudelteig bereiten.

Für die Fülle Birnen schälen, vierteln, entkernen und in feine Stücke schneiden. Mit Rosinen, der Hälfte der gehobelten Mandeln, Zucker, Zitronensaft und Birnenbrand vermischen und kühl stellen. Butter in einem Topf zergehen lassen, mit Zimtzucker und Semmelbröseln mischen Den Teig auf ein Geschirrtuch legen. Die Zimtbrösel auf den Strudelteig streuen. Nun die Fülle auf zwei Drittel des Teiges verteilen. Die Schokolade darüber reiben. Die Ränder einschlagen und den Teig mithilfe des Tuches fest aufrollen. Auf ein mit Backpapier ausgelegtes Backblech legen und bei 180 °C im Backrohr etwa 20 Minuten backen. Die restlichen gehobelten Mandeln in einer Pfanne braun anrösten und mit dem übrigen Staubzucker mischen.
Den Strudel in Scheiben schneiden. Auf warmer Schokoladensoße anrichten.

Jedem Strudel seine Soße!

Vanillesoße

Zutaten

1 Vanilleschote
15 g Vanillezucker
2 Eidotter
250 ml Milch

Zubereitung

Die Vanilleschote der Länge nach halbieren und das Fruchtmark herauskratzen.
Zusammen mit dem Vanillezucker und den Eidottern in eine Schüssel geben. Mit einem Schneebesen glatt und sämig verrühren.
Die Milch in einem Topf erhitzen und unter Rühren in die Schüssel leeren. Die Vanilleschote dazugeben.
Die Schüssel in ein köchelndes Wasserbad stellen und die Soße unter Rühren sämig kochen. Nicht zu lange kochen, da die Soße sonst gerinnt. Heiß servieren.

Kanarimilch

Zutaten

1 Vanilleschote
250 ml Milch
60 g Zucker
3 Eidotter

Woher diese süße Soße ihren Namen hat – darüber scheiden sich die Geister: Kommt der Name von der gelben Farbe, von der auch der von den Kanaren stammende Kanarienvogel ist? Probieren Sie diese klassische Strudelsoße und entscheiden Sie selbst!

Zubereitung

Vanilleschote der Länge nach halbieren und das Mark herauskratzen.
Mark mit Milch, Zucker und Eidotter in eine Schüssel geben und in einen Topf mit siedendem Wasser stellen.
Die Masse schaumig schlagen. Sie darf aber nicht kochen.

Hollerröster

Zutaten

1000 g Holunderbeeren
200 g Zucker
125 ml Wasser
1 Msp. Zimt
3 Nelken
abgeriebene Schale einer
1/2 ungespritzten Zitrone
1 EL Maisstärke
125 ml Obers

Zubereitung

Wasser gemeinsam mit Zucker aufkochen lassen.
Zimt, Nelken und Zitronenschale dazugeben und rund 5 Minuten mitkochen lassen.
Gerebelte Holunderbeeren in die Flüssigkeit geben und im heißen Wasser ziehen lassen, bis sie weich sind.
In einer Tasse das Stärkemehl mit dem Obers verrühren und zum Röster geben.
Als Geschmacksvariante können auch einige Zwetschken mit den Holunderbeeren mitgekocht werden. Zum Abschmecken kann man auch noch ein wenig Rum dazugeben. Der Röster wird warm oder kalt serviert.

Zwetschkenröster

Zutaten

Saft und Schale einer ungespritzten Zitrone
125 ml Wasser
200 g Zucker
2 Nelken
1 Stück Zimtrinde
1000 g Zwetschken

Zubereitung

Saft und Schale der Zitrone, Wasser und Zucker gemeinsam mit den Gewürzen in einem Topf aufkochen lassen.
Die Zwetschken waschen, halbieren und entkernen. Zur Flüssigkeit geben und aufkochen. In regelmäßigen Abständen umrühren. Die Früchte sollten sehr weich werden und die Haut sollte beginnen, sich einzurollen.

Kapitel 6

Feine

Jeden Tag Weihnachte

Man kommt ins Schwärmen, wenn man einander vom süssen Teil des Festes Weihnachten erzählt ... Meist ist eine Oma im Spiel, die alles besonders gut konnte – vor allem die Krapferln haben's den Kindern immer angetan: klein, saftig und gut duftend nach den Gewürzen der unerreichten Ferne.

Anis ist da eine Ausnahme, das schmeckt den meisten erst ab 30, aber bis Zimt sind viele spannende Gaumenkitzel dazwischen...
Und erst der Lebkuchen! – So viele Arten, von füllig weich bis nie weich werdend.
Mutter war es nie wirklich wichtig – Schnee zu Weihnachten – Hauptsache der Lebkuchen wurde rechtzeitig weich. Wir waren die täglichen Testesser, unsere Zahnlücken bewiesen es ...

Bäckerei

Husarenkrapferln

Zutaten

250 g glattes Mehl
1 Prise Salz
180 g Butter
50 g geschälte, geriebene Mandeln
2 Eidotter
100 g Staubzucker

feste Marillenmarmelade zum Füllen

Zubereitung

Mehl mit Salz auf die Arbeitsfläche sieben, mit Butter abbröseln, geriebene Mandeln untermischen, eine Vertiefung machen, darin Eidotter und Zucker abrühren und anschließend alles zu einem glatten Teig verkneten, den man gleich weiterverarbeiten kann.
Kleine Kugeln formen und etwas flach drücken. Mit dem Mittelfinger in der Mitte eine Vertiefung machen und diese mit fester Marillenmarmelade füllen. Im vorgeheizten Backrohr bei Mittelhitze backen, bis die Krapferln einen hellbraunen Rand haben.

Variante: Die Krapferln mit Kirsch- oder Erdbeermarmelade füllen und mit 50 g geschälten, gehackten Mandeln bestreuen.

Als „Husar“ wurde in der Kaiserlichen und Königlichen Armee ein leichter Reiter in ungarischer Nationaltracht bezeichnet. Die ungarischen Husarenregimenter waren die berühmtesten im ganzen Reich. Noch heute wird Waghalsigkeit und Temperament mit diesen flotten Reitern assoziiert.

Nussstangerln

Zutaten

[illegible] g glattes Mehl
[illegible] g Butter oder Margarine
[illegible]

Zubereitung

Mehl mit Butter oder Margarine verbröseln, Nüsse darunter mischen. Eine Vertiefung machen, darin Eidotter mit Zucker abrühren und alles rasch zu einem glatten Teig verarbeiten, der sofort weiterverwendet werden kann.
Kleine Teigportionen abstechen und zwischen den Handflächen zu ca. 7 cm langen Stangerln formen. Die Stangerln auf ein mit Backpapier ausgelegtes Blech legen und im vorgeheizten Backrohr bei 160 bis 180 °C ca. 20 Minuten backen.

Apfelpralinen

Zutaten

500 g Äpfel
Saft und Schale einer ungespritzten Orange
4 EL brauner Zucker
50 g Biskottenbrösel
2 EL guten Orangenlikör

100 g grob gehackte Walnüsse zum Wälzen

Zubereitung

Die Schale einer ungespritzten Orange dünn abschälen und in sehr feine Streifen schneiden.
In einem Topf den Zucker erwärmen, bis er schmilzt.
Die geschälten, entkernten und kleinwürfelig geschnittenen Äpfel mit der Orangenschale hinzufügen und ganz langsam, ca. 3 Minuten, weich dünsten.
Nach Bedarf etwas Orangensaft beimengen, damit die Masse nicht anbrennt.
Die Masse abkühlen lassen, mit fein geriebenen Biskottenbröseln und Likör abschmecken.
Nussgroße Kugeln formen, in den gehackten Nüssen drehen und in Konfektkapseln legen.
Drei Tage trocknen lassen und servieren oder in einer luftdichten Dose aufbewahren.

Rumkugeln

Zutaten

50 g Rosinen
3 EL Rum (42 %ig)
100 g Kochschokolade
50 g Butter
100 g Staubzucker

100 g Schokoladestreusel zum Wälzen

Zubereitung

Rosinen hacken, mit dem Rum vermengen und 1 Stunde ziehen lassen.
Schokolade im Wasserbad erweichen, Butter beifügen und schmelzen lassen, Staubzucker löffelweise einrühren. Der erstarrenden Masse die Rosinen beifügen und alles gut vermengen. Kleine Kugeln formen, diese sofort in Schokoladestreusel wälzen und anschließend einige Stunden trocknen lassen, bevor man sie in Konfektkapseln gibt.

Nusstörtchen

Zutaten

Teig:
100 g Butter oder Margarine
140 g glattes Mehl
70 g Staubzucker
70 g geriebene Walnüsse

Fülle:
90 g Staubzucker
knapp 100 ml Wasser
20 g Butter
150 g geriebene Walnüsse

Glasur:
80 g Kochschokolade
50 g Margarine

evtl. halbe Walnusskerne zum Verzieren

Zubereitung

Butter oder Margarine mit dem Mehl fein abbröseln. Zucker und Nüsse beifügen, nach Bedarf ein wenig Milch. Alles rasch zu einem glatten Teig verarbeiten, den man mindestens 1 Stunde rasten lässt. Den Teig dünn auswalken, Scheiben von 3 bis 4 cm Durchmesser ausstechen und auf einem mit Backpapier ausgelegten Backblech bei 160 bis 180 °C backen.
Für die Fülle Zucker, Wasser und Butter aufkochen, dann die Nüsse unterrühren.
Von den ausgekühlten Törtchen je zwei mit warmer Fülle zusammensetzen.
Einen Tag stehen lassen, damit die Fülle fest wird.
Die Törtchen mit der Oberfläche in die Schokoladetunkmasse tauchen.
Mit jeweils einer Walnusskern-Hälfte verzieren.

Rosinenhäufchen

Zutaten

Schokoladetunkmasse (Rezept S. 37)
ganze und gehackte Rosinen
gehackte Aranzini
gehacktes Zitronat
gehackte Nüsse
zerdrückte Mandelblättchen
getrocknete, weiche und würfelig geschnittene Marillen

Zubereitung

Die Zutaten (nach Augenmaß) miteinander vermengen. Mit einem Teelöffel Häufchen auf das Backpapier setzen und bei Zimmertemperatur trocknen lassen.

Topfen-Kartoffel-Kipferln

Zutaten

150 g mehlige Kartoffeln
150 g Butter
1 Ei
200 g Topfen
250 g glattes Mehl
Salz

200 g Marmelade zum Füllen
1 Ei zum Bestreichen
Zucker zum Bestreuen

Zubereitung

Kartoffeln dämpfen, schälen und passieren, mit Butter, Ei, Topfen, Mehl und Salz rasch zu einem glatten Teig verarbeiten.
Den Teig messerrückendick ausrollen, Quadrate (12 x 12 cm) oder Dreiecke (15/15/10 cm) ausschneiden, mit Marmelade füllen und zu Kipferln aufrollen. Mit Ei bestreichen, bei 160 °C ca. 30 Minuten goldgelb backen, mit Zucker bestreut servieren.

Linzer Augen

Zutaten

300 g glattes Mehl
200 g Butter oder Margarine
abgeriebene Schale einer 1/4 Zitrone
1 Ei
100 g Staubzucker
1 P. Vanillezucker

Erdbeer- oder Marillenmarmelade zum Füllen
Staubzucker zum Bestreuen

Zubereitung

Mehl mit Butter oder Margarine verbröseln, Zitronenschale darüber reiben. In der Mitte eine Vertiefung machen, Ei mit Staubzucker und Vanillezucker verrühren und alles zu einem glatten Teig verkneten, den man sofort weiterverwenden kann. Den Teig auf bemehlter Arbeitsfläche dünn ausrollen, Scheiben von 5 cm Durchmesser ausstechen, die Hälfte davon mit einem 2 cm breiten Loch in der Mitte. Auf einem mit Backpapier belegten Blech im vorgeheizten Rohr bei Mittelhitze 12 bis 15 Minuten backen und noch heiß mit Marmelade zusammensetzen. Mit Staubzucker bestreuen, damit er auf der Marmelade zergeht.

Butterbrötchen

Zutaten

Mürbteig:
260 g Dinkelvollkornmehl
140 g Butter
140 g fein gemahlener Rohrohrzucker
60 g geriebene Haselnüsse
1 Ei
80 g grob geriebene Schokolade

Glasur:
2 Eidotter
120 g fein gemahlener Rohrohrzucker

Zubereitung

Aus den Zutaten laut Grundrezept S. 18 einen Mürbteig herstellen und ca. 30 Minuten rasten lassen.
Eine Rolle (3–4 cm Durchmesser) formen und in schmale, etwa 3 mm breite Scheibchen schneiden (die durch das Schneiden entstandene, etwas abgeflachte Form ist beabsichtigt; dadurch ähneln die Kekse Brotscheiben). Bei 170 °C etwa 10 Minuten backen.
Die erkalteten „Brötchen" mit der Eidotterglasur so bestreichen, dass noch ein brauner Rand bleibt. Die Glasur kann auch mit dem Spritzsack vorsichtig aufgetragen werden, der Glasurbedarf ist dadurch jedoch größer.

Kokosbusserln

Zutaten

150 g Eiklar
280 g Vollrohrzucker
210 g Kokosraspeln
15 g Vollkornbrösel
25 g Eiklar
25 g Vollrohrzucker

Zubereitung

Das Eiklar mit dem Vollrohrzucker unter ständigem Rühren erwärmen. Nach und nach die Kokosraspeln und die Vollkornbröseln zugeben und auf kleiner Flamme rösten.
Die Masse ist fertig, wenn sie sich vom Topfboden löst. Vom Herd nehmen und abkühlen lassen.
Für den Schaum das Eiklar mit dem Zucker aufschlagen, dann in die Kokosmasse unterheben, das Ganze in einen Dressiersack mit mittlerer Lochtülle füllen und daraus kleine Busserln (1,5 cm Durchmesser) auf ein mit Backpapier belegtes Blech spritzen.
Die Kokosbusserln ca. 15 Minuten bei Zimmertemperatur antrocknen lassen und anschließend im vorgeheizten Backrohr bei 180 °C goldgelb backen.

Pariser Stangerln

Zutaten

3 Eiklar
300 g Staubzucker
300 g geriebene Haselnüsse

Zubereitung

Eiklar und Zucker 5 Minuten mit dem Mixer auf niedrigster Stufe rühren, mit der Hand ca. 15 Minuten. Ein Drittel der Masse als Glasur beiseite stellen. In den Rest der Masse die Haselnüsse einrühren. Den Teig in 3 Portionen teilen. Auf leicht bemehltem Brett Rollen formen, fingerdick auseinander drücken und mit der Glasur bestreichen. In 1,5 cm breite Stangerln schneiden. Auf einem mit Backpapier ausgelegten Blech im vorgeheizten Backrohr bei 140 °C ca. 1 Stunde backen.

Haferkrapferln

Zutaten

140 g glattes Mehl
70 g feine Haferflocken
1 gestrichener TL Backpulver
1 Prise Salz
140 g Butter oder Margarine
70 g Feinkristallzucker
2 Eidotter

Ribisel- oder Marillenmarmelade zum Füllen

Zubereitung

Mehl, Haferflocken, Backpulver und Salz gründlich vermengen und mit Butter oder Margarine verbröseln. In der Mitte eine Vertiefung machen, Zucker und Eidotter darin abrühren und alles rasch zu einem glatten Teig verkneten. Diesen im Kühlschrank ca. 30 Minuten rasten lassen. Anschließend kleine Kugeln formen, auf ein mit Backpapier ausgelegtes Blech setzen, in jede mit dem Mittelfinger eine Vertiefung drücken und mit Marmelade füllen. Im vorgeheizten Backrohr bei 150 bis 170 °C ca. 25 Minuten backen.

Nussaugen

Zutaten

Mürbteig:
170 g Butter
50 g fein geriebener Rohrohrzucker
70 g Walnüsse (oder Mandeln)
270 g Dinkelvollmehl

100 g Marillenmarmelade und 100 g Schokoglasur zum Verzieren

Zubereitung

Aus den Zutaten einen Mürbteig (siehe Grundrezept S. 18) herstellen und diesen 1 Stunde kühl rasten lassen.
Aus jeweils ca. 20 g Teig kleine Kugeln formen und oben mit dem kleinen Finger eine leichte Vertiefung hineindrücken.
Bei 200 °C etwa 10 Minuten backen.
Anschließend die Marmelade erwärmen, diese in ein Spritztütchen geben und damit die Vertiefung in den Kugeln füllen.
Nachdem die Marmelade erkaltet ist, die „Augen" mit der Schokoglasur verzieren.

Walnusskekse

Zutaten
für ca. 50 Stück

Teig:
150 g Mehl
150 g geriebene Walnüsse
150 g Zucker
1 TL Backpulver
100 g Butter
1 Ei
Vanillezucker

Ribiselmarmelade zum Füllen
weiße Kuvertüre
ganze Walnüsse

Zubereitung

Aus den Teigzutaten einen Mürbteig (siehe Grundrezept S. 18) zubereiten und rasten lassen. Teig ausrollen und runde Formen von etwa 3 cm Durchmesser ausstechen und im vorgeheizten Rohr 10 Minuten backen. Nach dem Auskühlen mit Ribiselmarmelade zusammenkleben. Weiße Kuvertüre im heißen Wasserbad schmelzen, die Kekse darin halb eintauchen und auf die Oberfläche jeweils eine halbe Walnuss drücken. Glasur gut trocknen lassen.

Marillenkonfekt

Zutaten

200 g getrocknete Marillen
100 g Marzipan
100 g Staubzucker
50 g geriebene Mandeln
40 g Orangenmarmelade
2 EL Rum

40 g geriebene Mandeln zum Bestreuen

Zubereitung

Marillen feinwürfelig schneiden.
Mit Marzipan, Staubzucker und Mandeln sowie Orangenmarmelade und dem Rum gut verkneten. Die Konfektmasse 1,5 cm dick in einer Größe von 15 x 15 cm auf eine Platte oder Folie aufstreichen und mindestens 2 Stunden kühl stellen. Konfekt in 2,5 x 2,5 cm große Würfel schneiden und mit geriebenen Mandeln bestreuen.
In Konfektkapseln setzen.

Haselnussmakronen

Zutaten

4 Eiklar
250 g Staubzucker
1 P. Vanillezucker
250 g geriebene Haselnüsse

ganze Haselnüsse zum Verzieren

Zubereitung

Eiklar und Zucker ca. 20 Minuten mit dem Mixer, mindestens 30 Minuten mit der Hand schlagen, bis die Schneemasse so steif ist, dass sie nicht mehr abrinnt. 3 EL von der Masse beiseite stellen, den Rest mit Nüssen und Vanillezucker vermengen. Makronen auf das mit Backpapier ausgelegte Blech setzen, diese oben eindrücken und mit der weißen Schaummasse füllen, eine Haselnuss darauf setzen. Im vorgeheizten Backrohr bei 100 bis 110 °C ca. 50 Minuten backen. Die Makronen lassen sich am besten eindrücken, wenn man den Mittelfinger in kaltes Wasser taucht und anschließend jedes Mal abwischt.

Makronen können auch mit Schokoladenglasur zusammengesetzt werden.

Früchtestangerln

Zutaten
für ca. 25 Stück

100 g getrocknete Apfelringe
50 g Rosinen
50 g getrocknete Marillenhälften
50 g Kletzen
2 EL Wasser
2 EL Honig
70 g gehackte Walnüsse

1 Eiklar zum Bestreichen
50 g gerösteter Sesam zum Wälzen

Zubereitung

Apfelringe, Rosinen und Marillen etwa 1 Stunde in Wasser einweichen.
Kletzen etwa 5 Minuten in wenig Wasser weich kochen.
Trockenobst fein hacken und mit den übrigen Zutaten gut verkneten.
Aus der Masse gleich große Stangerln formen, diese auf ein befettetes Backblech legen und im vorgeheizten Backrohr bei 200 °C etwa 6 Minuten backen.
Noch heiß vom Blech lösen, mit Eiklar bestreichen und in geröstetem Sesam gleichmäßig wälzen.

Früchtekugeln

Zutaten
für ca. 40 Stück

120 g getrocknete Zwetschken
120 g getrocknete Marillen
120 g getrocknete Datteln
50 g Rosinen
50 g geriebene Nüsse
2 EL Hafermark
2 EL Honig
2 EL Zwetschkenbrand

geriebene Nüsse oder gerösteter Sesam zum Wälzen

Zubereitung

Trockenfrüchte faschieren oder ganz fein hacken. Mit den restlichen Zutaten gut verkneten und die Masse 1 Stunde ziehen lassen. Kleine, gleichmäßige Kugeln mit einem Durchmesser von 2 cm formen. In geriebenen Nüssen oder Sesam wälzen und in Konfektkapseln setzen.

K. u. K. Haselnussbusserln

Zutaten

1 Eiklar
70 g Staubzucker
70 g geriebene Haselnüsse

Zubereitung

Das ungeschlagene Eiklar mit Zucker und Haselnüssen verrühren. Mit leicht bemehlten Handflächen kleine Kugeln formen. Diese auf ein mit Backpapier ausgelegtes Blech setzen und etwas flach drücken. Bei 100 bis 120 °C im vorgeheizten Backrohr 50 bis 60 Minuten backen.

Bis zum Ende der österreichisch-ungarischen Monarchie im Jahre 1918 sorgten Unternehmen im Besitz des Hofes wie auch kaiserliche und königliche (k. u. k.) Hoflieferanten für Güter und Dienstleistungen in höchster Qualität. Einige der besten dieser Unternehmen, etwa Bäckereien und Konditoreien, genießen heute noch große Popularität und weltweites Ansehen.

Himbeer-Butterkekse „Sophie"

Zutaten

Mürbteig:
115 g weiche Butter
50 g Zucker
1 P. Vanillezucker
115 g Mehl
50 g Grieß

Fülle:
250 ml Obers
3 EL Zucker
500 g Himbeeren

kandierte Blüten zum Verzieren

Zubereitung

Aus Butter, Zucker, Vanillezucker, Mehl und Grieß einen Mürbteig bereiten (siehe auch Grundrezept S. 18). Den Teig rasten lassen. Anschließend runde Kekse mit ca. 7 bis 8 cm Durchmesser ausstechen, auf ein Backblech legen und bei 180 °C ca. 15 Minuten goldgelb backen.

Für die Fülle Obers schlagen und zuckern. Die Butterkekse auskühlen lassen, dann ein Keks mit dem Schlagobers bestreichen, mit Himbeeren belegen und mit einem zweiten Butterkeks bedecken. Nun den „Deckel" mit Staubzucker bestäuben und mit kandierten Blüten verzieren.

Butterstangerln

Zutaten

140 g glattes Mehl
1 gestrichener TL Backpulver
140 g Butter
1 EL Weißwein
1 TL Sauerrahm
1 kleiner Eidotter
1 Prise Salz

Glasur:
1 Eiklar
100 g Staubzucker

Zubereitung

Das mit Backpulver versiebte Mehl mit der Butter abbröseln. In der Mitte eine Vertiefung machen, in der man Eidotter, Wein und Sauerrahm verrührt und anschließend mit der Mehlmasse mischt. Den Teig rasch verkneten und eine 1/2 Stunde kühl rasten lassen.
Auf der bemehlten Arbeitsfläche ausrollen, Ränder gerade schneiden. Das Teigrechteck in 3 cm breite und 10 cm lange Streifen schneiden und im Ganzen mit Glasur bestreichen.
Die Stangerln einzeln mit einer Tortenschaufel oder einem breiten Messer auf ein mit Backpapier ausgelegtes Backblech übertragen. Im vorgeheizten Backrohr bei 150 bis 170 °C backen, bis sich die Glasur hell verfärbt.

Für die Glasur das Eiklar steif schlagen, dann den Staubzucker einschlagen, sodass eine streichfähige Masse entsteht.

Vanillekipferln

Zutaten

300 g Mehl
300 g Butter
300 g geriebene Haselnüsse
140 g Zucker
4 Eidotter

Vanillezucker zum Wälzen

Zubereitung

Blättrig geschnittene Butter mit dem Mehl verbröseln, Haselnüsse und Zucker untermengen. Mit den Eidottern rasch zu einem Teig verkneten. Eine 1/2 Stunde kühl rasten lassen. Kipferln mit stumpfen Spitzen formen. Bei 200 °C auf mittlerer Schiene ca. 8 Minuten hell backen und noch heiß in Vanillezucker wälzen.

Welche feine Bäckerei wird in Österreich zu Weihnachten in jeder Küche zubereitet? Richtig, die Vanillekipferln. Wunderbar mürb, hauchzart und zerbrechlich, schön gebogen und in Vanillezucker gewälzt, zergehen sie förmlich auf der Zunge.

Mürbe Brezerln

Zutaten

420 g Mehl
280 g Butter
140 g Zucker
2 Eidotter
1 Ei

Eiklar zum Bestreichen
50 g grober Kristallzucker zum Bestäuben

Zubereitung

Blättrig geschnittene Butter mit dem Mehl verbröseln, trockene Zutaten darunter mengen. Mit Eidottern zu einem Teig verkneten. Kühl eine 1/2 Stunde rasten lassen.
Aus dem Teig dünne Röllchen formen. Aus diesen wiederum Brezerln. Diese mit Eiklar bestreichen, mit Zucker bestreuen und bei 180 bis 200 °C ca. 10 Minuten hell backen.

Das Brezel, das alte Zunftzeichen der Bäcker, kennt viele Formen und Bedeutungen

Lebkuchen auf böhmische Art

Zutaten

Teig:
250 g Fini's Feinstes Weizenmehl glatt oder Fini's Feinstes Weizen-Vollkornmehl
250 g Fini's Feinstes Roggenmehl
120 g Butter
120 g Rohzucker
1 Ei
1 EL Ribiselmarmelade
2 TL gesiebter Kakao
2 EL fein gewürfelte Aranzini
2 EL geriebene Walnüsse
abgeriebene Schale einer 1/2 Zitrone
1/2 TL Zimt
1 Msp. Nelkenpulver
1 TL Natron
ca. 125 ml Milch

Glasur:
1 Eiklar
etwas Zitronensaft
150 g Staubzucker

50 g gehackte Walnüsse zum Bestreuen

Zubereitung

Die beiden Mehlsorten gründlich miteinander versieben. Butter mit 3/4 der Mehlmenge in einer großen Schüssel verbröseln. Zucker, Ei, Ribiselmarmelade, Kakao, Aranzini, Nüsse, Zitronenschale, Zimt und Nelkenpulver mit dem restlichen Viertel des Mehls vermengen und zum verbröselten Mehl geben. Natron in der Milch auflösen. Alles zu einem mittelfesten Teig kneten, dabei die Milch in mehreren Portionen beifügen.
Den Teig kleinfingerdick auf dem passend zugeschnittenen Backpapier ausrollen und damit auf das Backblech legen. Im vorgeheizten Backrohr bei 160 bis 180 °C ca. 25 Minuten backen. Vor dem Glasieren auskühlen lassen.

Für die Glasur das Eiklar mit Zitronensaft und Staubzucker mit dem Mixer dickcremig schlagen, über den Lebkuchen gießen und verteilen. Die gehackten Nüsse darüber streuen. Im fast ausgekühlten, einen Spalt offenen Rohr trocknen. In gleichmäßige Stückchen teilen und in einer gut schließenden Dose mit Zwischenlagen aus Backpapier oder Alufolie aufbewahren.

Runder Lebkuchen

Zutaten

120 g Butter
40 g Honig
3 Eidotter
300 g Zucker und
125 ml Wasser für den gesponnenen Zucker

je 1 Msp. Zimt, Nelken, Zitronenschale
40 g Marmelade
je 150 g Nüsse, Karotten, Feigen, Rosinen
500 g Roggenmehl
1 EL Rum
je 5 g Pottasche und Hirschhornsalz oder
1 P. Backpulver

Eiweißglasur:
(Rezept S. 36)

Zubereitung

Butter, Honig und Eidotter schaumig rühren. Gesponnenen Zucker, Gewürze und Marmelade dazurühren. Mehl mit gehackten Nüssen, geschnittenen Feigen, geriebenen Karotten und Rosinen sowie dem in 1 EL Rum aufgelösten Hirschhornsalz und der Pottasche verkneten.
Teig zu dicken Rollen formen, in 2 cm breite Stücke schneiden. Diese zu Laibchen formen und bei 200 °C auf mittlerer Schiene ca. 20 Minuten backen.
Erkalten lassen und mit Eiweißglasur glasieren.

Mandelherzen

Zutaten

Teig:
100 g Butter
80 g Staubzucker
1 Eidotter
80 g geschälte, geriebene Mandeln
150 g glattes Mehl
1 Msp. Backpulver
1 Prise Salz

Zitronenglasur:
100 g Staubzucker
2 EL heißes Wasser
2 TL Zitronensaft

Zubereitung

Butter mit Zucker und Eidotter schaumig rühren, geriebene Mandeln und das mit Backpulver und Salz versiebte Mehl beifügen und verrühren. Den Teig 30 Minuten im Kühlschrank rasten lassen, dann 3 mm dick ausrollen. Herzen ausstechen, auf ein mit Backpapier ausgelegtes Backblech legen und 10 bis 15 Minuten bei 160 bis 180 °C backen. Noch warm mit Zitronenglasur bestreichen.

Für die Glasur alle Zutaten glatt verrühren.

Tag und Nacht

Zutaten

Teig:
145 g Butter oder Margarine
120 g Staubzucker
4 Eidotter
280 g glattes Mehl

1 verquirltes Ei zum Bestreichen
1 Tasse geschälte, halbierte Mandeln zum Belegen

Glasur:
100 g Kochschokolade
80 g Butter oder Margarine

Zubereitung

Butter oder Margarine glatt rühren und mit Zucker und den nach und nach beigefügten Eidottern schaumig rühren. Zuletzt das Mehl beifügen und unterkneten. Den Teig über Nacht zugedeckt kühl rasten lassen. Am nächsten Tag auf bemehlter Arbeitsfläche 3 bis 4 mm dick ausrollen. Kreise von 4 cm Durchmesser ausstechen und mit verquirltem Ei bestreichen. In die Mitte der oberen Kreishälfte jeweils eine halbe Mandel legen. Auf mit Backpapier ausgelegtem Backblech im vorgeheizten Backrohr bei Mittelhitze ca. 12 bis 15 Minuten bei 150 bis 170 °C backen. Die Kreise nach dem Auskühlen mit der unteren Hälfte in Schokoladenglasur (Rezept S. 37) tauchen. Auf einem Kuchengitter oder auf Backpapier trocknen lassen.

Dotterkekse

Zutaten

250 g Butter
geriebene Schale einer 1/2 Zitrone
250 g Staubzucker
6 Eidotter
400 g glattes Mehl

Zubereitung

Butter glatt rühren, Zitronenschale, Zucker und nach und nach die Eidotter beifügen und alles schaumig rühren. Das gesiebte Mehl unterrühren bzw. alles verkneten. Den Teig 20 Minuten kühl rasten lassen. Anschließend dünn ausrollen, einfache Formen ausstechen und bei 180 bis 200 °C im vorgeheizten Backrohr 8 bis 10 Minuten backen, bis sich die Ränder goldbraun färben.

Ischler Bäckerei

Zutaten

350 g glattes Mehl
250 g Butter
100 g Staubzucker
4 Eidotter

Marillenmarmelade zum Füllen
1 Eiklar zum Bestreichen

Zubereitung

Butter mit Mehl verbröseln. Eine Vertiefung machen, darin Zucker und Eidotter verrühren, alles rasch zu einem glatten Teig verkneten, den man gleich weiterverarbeiten kann. Den Teig auf leicht bemehlter Arbeitsfläche 2 bis 3 mm dick ausrollen. Kreise ausstechen, die Hälfte davon mit einem 2 cm breiten Loch in der Mitte. Auf die ganzen Kreise ein wenig Marmelade geben, den Rand mit Eiklar bestreichen und die gelochten Scheiben darauf setzen. Die Törtchen im vorgeheizten Backrohr bei 160 bis 180 °C goldgelb backen und noch heiß mit Staubzucker bestreuen, damit er auf der Marmelade zergeht.

Die Eltern von Kaiser Franz Joseph I., Franz Karl und Sophie von Bayern, waren lange ohne Kindersegen. Auf Anraten ihres Arztes nahmen sie die Mineralsolebäder in Bad Ischl in Anspruch. Diese waren so erfolgreich, dass sich bald der erste Nachwuchs einstellte: Franz Joseph und seine Brüder wurden daraufhin die Salzprinzen genannt.

In Bad Ischl wurde am 19. August 1853 die Verlobung von Sissi mit Kaiser Franz Joseph gefeiert. Hier feierte auch Sissis Lieblingstochter Marie Valerie ihre Hochzeit. Hierher kam die kaiserliche Familie, um den Tod des Kronprinzen Rudolf zu betrauern. Und hier sollten sich schließlich der Kaiser und die Kaiserin vor ihrer Ermordung in Genf zum letzten Mal sehen.

Windradeln

Zutaten

250 g Mehl
2 gestrichene TL Backpulver
1 Prise Salz
250 g Butter oder Margarine
1 Ei
2 EL Sauerrahm
1 P. Vanillezucker

feste Marmelade (Ribisel, Erdbeer oder Marille) zum Füllen
Staubzucker zum Bestreuen

Zubereitung

Mehl mit Backpulver und Salz auf die Arbeitsfläche sieben und mit Butter oder Margarine verbröseln. Eine Mulde machen. Darin Ei, Sauerrahm und Vanillezucker verrühren und mit der Mehlmasse zu einem Teig verkneten. 30 Minuten im Kühlschrank rasten lassen. Anschließend den Teig auf gut bemehlter Arbeitsfläche dünn ausrollen. Quadrate von 5 x 5 cm schneiden. Diese von den Ecken ausgehend bis halb zur Mitte einschneiden. Den Teig an den Schnittstellen aufheben und zur Mitte biegen, damit die Form eines Windrades entsteht. Die Mitte mit einem Tupfen Marmelade beschweren. Die Windräder auf ein mit Backpapier ausgelegtes Backblech 8 bis 10 Minuten bei 160 bis 180 °C hell backen und noch heiß mit Staubzucker bestreuen, damit er auf der Marmelade zergeht.

Marzipanmonde

Zutaten

100 g geschälte,
geriebene Mandeln
100 g Staubzucker
1 EL Marillenmarmelade

Zubereitung

Geriebene Mandeln mit Staubzucker vermischen, Marillenmarmelade beifügen und alles zu einem glatten Teig verkneten.
Diesen auf der leicht bemehlten Arbeitsfläche messerrückendick ausrollen, Monde ausstechen.
Die Monde auf einem mit Backpapier ausgelegten Backblech im vorgeheizten Backrohr bei 80 bis 100 °C ca. 50 Minuten backen. Das Rohr nach dem Einschieben des Blechs einen Spalt offen lassen!

Spitzbuben

Zutaten

300 g Mehl
200 g Butter
110 g Zucker
Zitronenschale
2 Eidotter

Eiklar zum Bestreichen
Marmelade zum Füllen
Staubzucker zum
Bestreuen

Zubereitung

Blättrig geschnittene Butter mit dem Mehl verbröseln, trockene Zutaten darunter mengen. Mit Eidottern zu einem Teig verkneten. Teig gleich weiterverarbeiten.
Den Mürbteig auf bemehlter Arbeitsfläche ausrollen, kleine Scheiben ausstechen.
Mit Eiklar bestreichen und im Backrohr goldgelb backen.
Die noch heißen Scheibchen mit Marmelade zusammensetzen und noch warm mit Staubzucker bestreuen.

Metternichmakronen

Zutaten

1 Eiklar
70 g Staubzucker
1 P. Vanillezucker
1 EL griffiges Mehl
4 EL geriebene Mandeln

Glasur:
50 g Kochschokolade
30 g Butter oder Margarine

Mandelscheibchen zum Bestreuen

Zubereitung

In den sehr festen Eischnee Zucker, Vanillezucker, Mehl und zuletzt die Mandeln einrühren.
Kleine Makronen auf ein mit Backpapier ausgelegtes Backblech setzen und bei 100 bis 120 °C ca. 30 Minuten backen, bis sie sich glatt ablösen lassen.
Ausgekühlt mit der gewölbten Seite in Schokoladenglasur tauchen und mit Mandelscheibchen bestreuen.

Der österreichische Fürst C. W. Metternich erreichte den Höhepunkt seines politischen Wirkens zur Zeit des Wiener Kongresses, von September 1814 bis Juni 1815. Dort verband er gesellschaftliche Repräsentation mit diplomatischem Geschick. Er ist der berühmteste Staatsmann Österreichs im 19. Jahrhundert, musste aber nach der Märzrevolution 1848 aufgrund seiner Kompromisslosigkeit gegenüber liberalen Strömungen aus Österreich fliehen.

Zimtsterne

Zutaten

13 Eiklar
250 g Zucker
250 g Mandeln oder Nüsse
1/2 KL Zimt

Zitronenglasur:
(Rezept S. 35)

Zubereitung

Unter den steifen Schnee nach und nach den Zucker einschlagen. Längere Zeit rühren. Zimt und geriebene Mandeln untermengen. Masse auf mit Zucker bestreutem Brett ausrollen. Kleine Sterne ausstechen, auf befettetem Backblech bei 140 °C auf mittlerer Schiene ca. 8 Minuten backen. Erkaltet mit Zitronenglasur überziehen.

Nusskrapferln

Zutaten

Teig:
280 g glattes Mehl
210 g Butter
140 g geriebene Wal- oder Haselnüsse
120 g Staubzucker
2 Eidotter
abgeriebene Schale einer 1/4 Zitrone

passierte Ribisel- oder Marillenmarmelade zum Zusammensetzen

Glasur:
100 g Kochschokolade
80 g Butter
(Rezept S. 37)

Zubereitung

Mehl mit Butter verbröseln, Nüsse darunter mischen. Eine Vertiefung machen, Eidotter mit Zucker darin verrühren, Zitronenschale darüber reiben und alles zu einem glatten Teig verkneten, den man 20 Minuten kühl rasten lässt.
Den Teig dünn ausrollen, kleine Scheiben ausstechen und auf mit Backpapier ausgelegtem Backblech bei 180 bis 200 °C ca. 10 Minuten backen. Noch heiß je 2 Scheiben mit Marmelade zusammensetzen und nach dem Auskühlen mit der Oberfläche in die Schokoladetunkmasse tauchen.

Witwenküsse

Zutaten

4 Eiklar
140 g Staubzucker
70 g fein gehacktes Zitronat
140 g grob gehackte oder zerdrückte Haselnüsse

Zubereitung

Eiklar und Zucker mit dem Mixer oder der Küchenmaschine 20 bis 30 Minuten schlagen, bis eine steife Masse entsteht, die nicht mehr abrinnt. Nüsse und Zitronat einmengen. Häufchen auf ein mit Backpapier ausgelegtes Backblech setzen. Bei 100 bis 120 °C im vorgeheizten Backrohr ca. 45 Minuten backen, bis sie sich glatt ablösen lassen.

Kapitel 7

Fein

Österreichischer geht's kaum

Mit Mehl gekocht klingt furchtbar schwer, doch in einem Gesamtspeiseplan kein Problem – es gehört eine Abwechslung hinein und sei es heute auch einfach mal ein Frucht- oder Gemüsetag!
Auf die Portionsmenge kommt als Formel:
Viel Bewegung darf auch schmausen ...

„So a Schmarr'n, schon wieder ka Fleisch", hör ich noch meinen Opa im Hintergrund rufen, „können wir uns gar nichts mehr leisten, schon wieder a Mehlspeis ..." Uns Kindern hat diese Abwechslung gut gefallen. Onkel Franz war auch begeistert, sein Spitzensatz an Zwetschkenknödeln faszinierte uns: Je nach persönlicher Tagesform schaffte er zwischen 18 und 23 Stück. Er gehörte noch zu jenem Schlag Bauern, die mit dem Pferd schneller ackerten als die aufstrebenden Jung-Technokraten mit ihrem 15er Steyrer-Traktor.

All diese Feinheiten um Knödel, Nockerln oder Nudeln – wer möchte sie wirklich missen? Das „isst" feiner österreichischer „ole tog"(Alltag).

Mehlspeisküche

Süße Knödel

Obstknödel aus Kartoffelteig

Zutaten
ca. 18 Stück

Teig:
500 g mehlige Kartoffeln
20 g Butter
30 g Grieß
120 g griffiges Mehl
1 Ei
Salzwasser

Fülle:
1000 g Marillen oder anderes Obst
50 g Butter und
50 g Brösel zum Wälzen
30 g Staubzucker zum Bestreuen

Zubereitung

Kartoffeln dämpfen, schälen, auf bemehltes Nudelbrett passieren.
Butterflocken darauf geben, Mehl und Grieß untermischen, Ei zugeben und kurz verkneten.
Teig zu einer Rolle formen, Stücke abschneiden, mit Früchten füllen, zu Knödeln drehen, in viel Salzwasser leicht wallend kochen (wenn Knödel an Oberfläche steigen, sind sie fertig).
Brösel in Butter rösten, Knödel darin wälzen.
Vor dem Servieren mit Staubzucker bestreuen.

Tschechien & Österreich – Knödel verbinden

Knödel werden von uns Österreichern als etwas zutiefst Österreichisches angesehen – doch wie so viele Gerichte sind sie ein Import aus Böhmen, einem Kronland der ehemaligen Donaumonarchie. Wer über die Küche der Tschechen spricht, der denkt zuerst an deftige Braten, Bier und Knödel, Knödel, nochmals Knödel – manche so zart und leicht wie Seifenblasen, andere wiederum so süß, reichhaltig und schwer wie Früchtekuchen. Die Lust am Süßen ist den Österreichern und Tschechen gemein: Obstknödel mit Fruchtfülle sind nach wie vor „das" charakteristische süße Lieblingsgericht.

Obstknödel aus Topfenteig

Zutaten
ca. 10 Stück

Teig:
250 g Topfen
70 g Butter
1–2 Eier
Salz
200 g Mehl

Fülle:
750 g Zwetschken oder anderes Obst (Marillen, Ringlotten etc.)

150 g Butter und
100 g Semmelbrösel zum Wälzen

Zucker zum Bestreuen

Als Alternative kann auch ein größeres Laibchen geformt und mit Fruchtsoße serviert werden.

Zubereitung

Aus Topfen, Butter, Eiern, Salz und Mehl rasch einen geschmeidigen Teig bereiten. Teig in gleich große Stücke zerteilen. Diese platt drücken, Früchte darin einwickeln und schließen. Knödel in kochendes Salzwasser legen, kochen, abseihen und in in Butter gerösteten Semmelbröseln wälzen. Vor dem Servieren mit Staubzucker bestreuen.

Obstknödel aus Brandteig

Zutaten
ca. 12 Stück

Teig:
250 ml Wasser
30 g Fett
Salz
250 g Mehl
2 Eier

Fülle:
750 g Zwetschken oder anderes Obst (Marillen, Ringlotten etc.)

150 g Butter und
100 g Semmelbrösel zum Wälzen
Zucker zum Bestreuen

Zubereitung

Brandteig laut Grundrezept S. 19 bereiten. Teig zu einer Rolle formen, diese in gleich große Stücke schneiden. Schüsserln formen und mit dem Obst füllen. Knödel etwa 12 Minuten in Salzwasser kochen. Offen kochen und vorsichtig umrühren!
In gerösteten Semmelbröseln wälzen und mit Zucker bestreuen.

Germknödel

Zutaten
ca. 6 Stück

Teig:
300 g griffiges Mehl
1/2 TL Salz
20 g Germ
30 g Butter
ca. 125 ml Milch
20 g Staubzucker
2 Eidotter
1 EL Vanillezucker
geriebene Schale einer 1/2 Zitrone
1 EL Rum

Fülle:
250 g Powidl

80 g Butter zum Übergießen
90 g geriebener Mohn und
80 g Staubzucker zum Bestreuen

Zubereitung

Germteig bereiten und eine 1/2 Stunde rasten lassen. In 6 Teile schneiden und diese zu Kugeln formen. Auf bemehlte Fläche geben und zugedeckt abermals 20 Minuten rasten lassen.
Dann die Kugeln flach drücken – Powidl in die Mitte geben und die Teigränder zusammendrücken. Diese fertigen Knödel nochmals zum 1,5fachen Volumen aufgehen lassen. In mäßig siedendem Salzwasser (halb zugedeckt) ca. 5 bis 7 Minuten pro Seite ziehen lassen. Aus dem Wasser nehmen und gut abtropfen lassen.
Anrichten und mit leicht gebräunter Butter übergießen. Mit Mohn-Zucker-Gemisch bestreuen.

Karolines Marillenknödel

Zutaten
ca. 10–12 Stück

Topfenteig:
1 Pkg. Topfen
1 Eidotter
60 g Butter
1 Prise Salz
100 g Mehl

Fülle:
500 g Marillen

Butterbrösel:
100 g Butter
120 g Semmelbrösel
1 Prise Zimt
50 g Kristallzucker

Marillen zum Füllen
Staubzucker zum Bestreuen

Zubereitung

Topfen, Eidotter, Butter, Salz und Mehl verrühren. Marillen waschen, nach Belieben mit dem Kochlöffelstiel den Kern herausdrücken und mit einem Zuckerstück füllen. Teig auf einer bemehlten Arbeitsfläche zu einer Rolle formen und in Scheiben schneiden. Teigscheiben etwas flach drücken, je eine Marille darauf setzen und mit Teig umhüllen. Knödel formen und in leicht gesalzenem Wasser 10 bis 12 Minuten ziehen lassen. Die Butter schmelzen, Brösel, Zucker und Zimt beifügen und die Knödel darin wälzen. Mit Staubzucker bestreuen.

Obstknödel mit Fruchtsoße (Kartoffel-Topfen-Teig)

Zutaten
ca. 20 Stück

Kartoffel-Topfen-Teig:
150 g mehlige Kartoffeln
1 Ei
40 g Butter
120 g Bauerntopfen
1 Prise Salz
80 g Dinkelgrieß
120 g Auszugsmehl (oder Dinkelvollmehl)
1 P. Vanillezucker

Fülle:
20 Stück Früchte

Butterbrösel:
50 g Butter
150 g Vollkornbrösel
1 P. Vanillezucker
1 Prise Zimt

Zucker zum Bestreuen

Fruchtsoße:
400 g Früchte
2 P. Vanillezucker
1 EL Zitronensaft

Zubereitung

Die Kartoffeln kochen oder dämpfen, schälen, noch heiß durch die Erdäpfelpresse drücken und mit Ei, weicher Butter, passiertem Topfen, Salz, Grieß, Mehl und Vanillezucker rasch zu einem glatten Teig verkneten und zugedeckt eine 1/2 Stunde kalt stellen.
Den Teig auf einer bemehlten Arbeitsfläche zu einer Rolle formen und diese in 20 Stücke teilen.
Jedes Teigstück mit einer ganzen Frucht belegen, zu Knödel formen, in kochendes Salzwasser einlegen und etwa 5 bis 6 Minuten ohne Deckel bei mittlerer Hitze kochen.
Die Butter schmelzen, Brösel, Vanillezucker und Zimt beifügen und die Knödel in den Butterbröseln wälzen.
Die Knödel anrichten und nach Belieben mit Zucker bestreuen.
Für die Fruchtsoße die Früchte (z. B. Erdbeeren zu Erdbeerknödeln etc.) waschen, putzen und mit Vanillezucker und Zitronensaft pürieren.

Maroniknödel auf Schokoladensoße

Zutaten

ca. 12 Stück

Teig:
200 g mehlige Kartoffeln
50 g Fini's Feinstes Weizenmehl griffig
10 g Fini's Feinstes Weizengrieß
20 g Butter
1 Eidotter
Salz

Fülle:
200 g Kastanienreis
40 g Staubzucker
10 g Vanillezucker
10 g Rum
Mehl zum Ausarbeiten

Schokoladensoße:
125 ml Wasser
80 g Kristallzucker
10 g Vanillezucker
10 g Kochschokolade

50 g geröstete und geriebene Mandeln zum Wälzen
Staubzucker zum Bestreuen

Zubereitung

Kartoffeln dämpfen, schälen und passieren, mit Mehl, Grieß, Butter, Eidotter und Salz rasch zu einem glatten Teig verarbeiten.
Für die Fülle alle Zutaten verrühren, 8 gleich große Kugeln formen und kalt stellen.
Teig zu einer Rolle formen, 8 Scheiben abschneiden, flach drücken, mit Fülle belegen und vorsichtig zu Knödeln formen.
In Salzwasser ca. 10 Minuten köcheln lassen.
Für die Schokoladensoße Wasser, Kristallzucker und Vanillezucker verrühren und aufkochen, bei reduzierter Hitze Schokoladestücke zugeben und unter ständigem Rühren schmelzen, Rum zugeben und evtl. mit dem Stabmixer aufschlagen.
Knödel abseihen, in gerösteten Mandeln wälzen, auf Schokoladensoße anrichten und mit Staubzucker bestreuen.

Topfenknödel

Zutaten
ca. 10–12 Stück

150 g Butter
5 Eidotter
250 g Topfen
200 g Grieß
Salz
5 Eiklar

150 g Butter und
100 g Semmelbrösel zum Wälzen

Zubereitung

In den Abtrieb von Butter und Eidottern Topfen, Grieß und Salz untermengen. 1 Stunde rasten lassen. Aus den Eiklar einen Schnee bereiten und unterheben. Mit nassen Händen Knödel formen und 12 bis 15 Minuten in Salzwasser kochen. Abseihen, in gerösteten Semmelbröseln wälzen und mit Staubzucker bestreuen. Unbedingt Probeknödel kochen!

Zwetschkenknödel (S. 164–166)

Topfen-Grieß-Knödel

Zutaten

ca. 10–12 Stück

60 g Butter
250 g Topfen
1 Ei
Salz
100 g Fini's Feinstes Weizengrieß
100 g Fini's Feinstes Weizenmehl universal

100 g Butter
80 g Semmelbrösel oder geriebener Mohn zum Wälzen
Staubzucker zum Bestreuen

Zubereitung

Butter schaumig rühren. Topfen, Ei, Salz, Grieß und Mehl untermengen. Rasten lassen. Knödel formen, in Salzwasser kochen. In gerösteten Bröseln oder geriebenem Mohn wälzen und mit Staubzucker bestreuen.

Topfen-Grieß-Knödel mit Zwetschkenröster

Erdbeer-Grieß-Knödel auf Erdbeer-Rhabarber-Kompott

Zutaten
ca. 8–10 Stück

Teig:
500 g Topfen
200 g weiche Butter
4 EL Zucker
2 Eidotter
Saft und abgeriebene Schale einer 1/2 unbehandelten Zitrone
8 EL Mehl
8 EL Hartweizengrieß

Fülle:
250 g Erdbeeren

Pistazien-Brösel-Butter:
3 EL gehackte Pistazien
8 EL Semmelbrösel

Zitronenmelisse zum Garnieren

Kompott:
500 g Rharbarber
4 EL Zucker

Zubereitung

Für das Kompott den Rhabarber schräg in etwa 3 cm lange Stücke schneiden. Die Stücke zusammen mit 125 ml Wasser in einen Topf geben. Erhitzen, aufkochen lassen und dann bei geringer Hitze etwa 7 Minuten köcheln lassen. Nun den Zucker unterrühren.

Für die Knödel den Topfen in einem Geschirrtuch kräftig ausdrücken. Die Hälfte der Butter zusammen mit 2 EL Zucker schaumig rühren. Topfen, Eidotter, Zitronensaft und -schale unterrühren. Mehl sowie Grieß hinzufügen und alles zu einem glatten Teig verkneten. Den Teig für eine 1/2 Stunde kühl stellen.
Die Erdbeeren von den Stielansätzen befreien. Etwa 8 bis 10 Stück beiseite legen, den Rest pürieren und unter das Kompott rühren.
Aus dem Knödelteig mit bemehlten Händen 8 bis 10 Knödel formen und diese jeweils mit einer Erdbeere füllen. Hierfür jeweils den Teig portionsweise in einer Hand flach drücken, die Erdbeere in die Mitte geben und den Teig darüber zusammendrücken.
Die Knödel in siedendem Salzwasser etwa eine 1/2 Stunde gar ziehen lassen. Restliche Butter erhitzen. Pistazien, Semmelbrösel und restlichen Zucker unter Rühren darin anbräunen. Die Knödel zusammen mit dem Erdbeer-Rhabarber-Kompott servieren. Mit Pistazien-Brösel-Butter beträufeln und das Ganze mit Zitronenmelisse garnieren.

Apfelknödel

Zutaten
ca. 12–14 Stück

750 g Äpfel
2 EL Milch
2 Eier
Salz
300 g Mehl

100 g Butter und
60 g Semmelbrösel zum Wälzen
Staubzucker zum Bestreuen

Zubereitung

Äpfel schälen und kleinwürfelig schneiden. Milch, Eier und Salz versprudeln und darüber gießen. Mehl untermengen. Den mittelfesten Teig zu Knödeln formen und 10 bis 15 Minuten in Salzwasser kochen. Abseihen, die Knödel in gerösteten Semmelbröseln wälzen und mit Staubzucker bestreuen.
Unbedingt einen Probeknödel kochen!

Mohnknödel

Zutaten
ca. 10–12 Stück

Teig:
500 g rohe Kartoffeln
250 g gekochte Kartoffeln
Salz
Mehl nach Bedarf

Fülle:
1 EL Butter
250 g gemahlener Mohn
125 ml Milch
4 EL Zucker

1 EL Butter zum Übergießen

Zubereitung

Die rohen Kartoffeln schälen, fein reiben und auspressen. Die gekochten Kartoffeln schälen und zerdrücken.
Die Kartoffelmassen miteinander vermengen, salzen und nach Bedarf mit Mehl festigen.
Die Hälfte der Butter erhitzen und den Mohn darin leicht anrösten. Die Milch angießen, den Zucker einrühren, das Ganze aufkochen, quellen und abkühlen lassen.
Den Kartoffelteig zu einer Rolle formen. Kleine Scheiben abschneiden und flach drücken. Die Mohnfülle darauf geben und jede Scheibe zu einem Knödel formen.
Die Knödel in siedendem Salzwasser etwa 10 Minuten gar ziehen lassen.
Herausnehmen und abtropfen lassen.
Restliche Butter erhitzen, leicht anbräunen lassen und über die Knödel gießen.

Kapuzinerknödel

Zutaten
ca. 10–12 Stück

750 ml Milch
3 Eier
10 alte Semmeln

100 g Schokolade und
100 g Zucker zum
Wälzen
300 g Butterschmalz zum
Ausbacken

Zubereitung

Die Milch mit den Eiern verquirlen. Die Semmeln vierteln und in die Milch-Ei-Masse geben. Das Ganze etwa 1 Stunde rasten lassen.
Dann die Semmeln ausdrücken und die Masse zu Knödeln formen. Das Schmalz in einem Topf erhitzen und die Knödel darin ausbacken.
Die Schokolade fein reiben und mit dem Zucker vermischen. Die Knödel aus dem Fett nehmen, kurz auf Küchenpapier abtropfen lassen und noch heiß in der Schokolade-Zucker-Mischung wälzen.

Tipp
Um sich die Arbeit zu erleichtern, können Sie anstelle der Schokolade auch Schokoladenraspeln verwenden.

Nussknödel

Zutaten

ca. 10–12 Stück

330 g Mehl
20 g Germ
200 g Zucker
200 ml lauwarme Milch
Salz
2 Eier
1 TL abgeriebene Schale einer unbehandelten Zitrone
200 g Butter
300 g geriebene Nüsse (Wal- oder Haselnüsse)

Zubereitung

300 g Mehl in eine Schüssel geben. Germ mit 1 EL Zucker, 4 bis 5 EL Milch und restlichem Mehl verrühren. Den Germansatz (Dampfl) an einem warmen Ort eine 1/2 Stunde gehen lassen.
Restliche Milch mit 5 EL Zucker, Salz und Eiern verrühren. Die Mischung zusammen mit dem Germansatz und Zitronenschalenabrieb zum Mehl geben. Das Ganze zu einem festen Teig verarbeiten und diesen zugedeckt etwa eine 1/2 Stunde ruhen lassen.
5 EL Butter zerlassen. Den Teig auf einer bemehlten Arbeitsfläche 2 cm dick ausrollen. Dann mit flüssiger Butter bestreichen, mit 100 g Zucker und 250 g Nüssen bestreuen. Den Teig einrollen.
Ein Küchentuch mit heißem Wasser befeuchten. Den Teig darin einwickeln, das Tuch zubinden und das Ganze etwa 1 Stunde in siedendem Salzwasser garen.
Restliche Butter zerlassen. Die Teigrolle in Scheiben schneiden. Diese mit Butter übergießen und mit restlichem Zucker und übrigen Nüssen bestreuen.

Waldviertler Birnenknödel

Zutaten
ca. 10–12 Stück

500 g mehlig kochende Kartoffeln
1 EL Butter
300 g Birnenhälften (aus der Dose)
1 Ei
1 Prise Salz
100 g Grieß
100 g Mehl
1 Prise Zimtpulver
abgeriebene Schale einer unbehandelten Zitrone

200 g geriebene Haselnüsse zum Wälzen
Staubzucker zum Bestreuen

Zubereitung

Die Kartoffeln gar kochen, schälen und noch heiß durch eine Kartoffelpresse drücken. Die Butter zerlassen. Die Birnen abtropfen lassen und würfeln.
Butter, Ei, Salz, Grieß, Mehl, Zimt sowie Zitronenschalenabrieb zur Kartoffelmasse geben und das Ganze rasch zu einem Teig verarbeiten. Die Birnenwürfel darunter mischen. Aus dem Teig kleine Knödel formen.
Reichlich Salzwasser zum Kochen bringen. Die Knödel portionsweise hineingeben und jeweils etwa eine 1/4 Stunde köcheln lassen. Herausnehmen, gut abtropfen lassen und in den Haselnüssen wälzen.
Mit Staubzucker bestreuen.

Nockerln

Topfennockerln/Variante 1

Zutaten

für ca. 4–6 Personen

250 g Topfen
2 Eier
1 EL Obers
250 g Mehl
Salz

60 g Butter
125 ml Obers
etwas Milch
Staubzucker zum Bestreuen

Zubereitung

Topfen mit Obers, Eiern, Mehl und Salz zu einem Teig vermengen. In einer Auflaufform etwas Wasser und Fett erhitzen. Mit einem Löffel Nockerln in die Form legen und diese zugedeckt dünsten. Sobald das Fett zu prasseln beginnt, Obers mit etwas Milch versprudeln und darüber gießen. Aufkochen lassen, mit Staubzucker bestreuen und sofort servieren.

Topfennockerln/Variante 2

Zutaten

für ca. 4–6 Personen

80 g Butter
2 Eier
Semmelwürfel aus 3 Semmeln
500 g Topfen
etwas Muskat
150 g Mehl
Salz

150 g Butter und 100 g Semmelbrösel zum Wälzen

Zucker zum Bestreuen

Zubereitung

Unter den Abtrieb von Butter und Eiern Semmelwürfel, Topfen, Muskat und Mehl vermengen. Nockerln formen und in Salzwasser kochen. Abseihen und in gerösteten Semmelbröseln wälzen. Mit Staubzucker bestreuen.

Heidelbeernockerln

Zutaten
für ca. 4–6 Personen

500 g Heidelbeeren
2 Eier
3–4 EL Mehl
1 Prise Salz
125 ml Milch

Butter zum Ausbacken
Staubzucker zum Bestreuen

Zubereitung

Heidelbeeren, Mehl, Salz, Eier und Milch gut verrühren. In einer Pfanne Fett zerlassen. Mit einem Esslöffel Nockerln aus dem Teig stechen, in die zerlassene Butter geben und etwas flach drücken.
Die Nockerln auf beiden Seiten etwa 2 Minuten goldbraun backen.
Mit Staubzucker bestreuen und warm servieren.

Apfelnockerln

Zutaten
für ca. 4–6 Personen

300 g geschälte, entkernte und in kleine Würfel geschnittene Äpfel
300 g Mehl
je 1/2 TL Backpulver, Salz, Zimt und geriebene Zitronenschale
1 EL Zucker
1 TL Zimt
2 Eier
250 ml Schlagobers
Butter

Zimtzucker zum Bestreuen

Zubereitung

Alle trockenen Zutaten versieben und mit den Äpfeln vermischen. Eier und Schlagobers versprudeln, zur Apfelmischung geben und gut verrühren. In einem großen Topf Salzwasser zum Kochen bringen. Mit einem ins kalte Wasser eingetauchten Esslöffel Nockerln ausstechen und in das kochende Wasser einlegen. Aufkochen lassen und noch etwa 10 Minuten mehr ziehen als kochen lassen. Die Nockerln mit einem Sieb aus dem Wasser nehmen und gut abtropfen lassen. In frischer Butter geschwenkt und mit Zimtzucker bestreut sofort servieren.
Es empfiehlt sich, zuerst ein Nockerl zur Probe zu kochen. Sollte es zerfallen, sollte man etwas mehr Mehl zum Teig geben. Sollten ein paar Nockerln übrig bleiben, kann man sie in Butter anrösten und zum Frühstück servieren. Manchen schmecken sie dann noch viel besser als am Vortag!

Salzburger Nockerln/Variante 1

Zutaten
für ca. 4 Personen

5 Eiklar
3 EL Staubzucker
3 Eidotter
1 EL Mehl

125 ml Milch
30 g Butter

Staubzucker zum Bestreuen

Zubereitung

Eidotter mit etwas Schnee verrühren, in den übrigen Schnee Zucker einschlagen. Mehl untermengen und zuletzt die Eidottermasse unterziehen. In einer flachen, feuerfesten Glasschüssel Milch und Butter erhitzen. 3 große Nocken einlegen. Bis zu 10 Minuten in sehr heißem Backrohr bei 230 bis 250 °C und mittlerer Schiene backen.

Salzburger Nockerln

Schon in der Operette werden sie besungen, die Salzburger Nockerln! „Süß wie die Liebe und zart wie ein Kuss, ... ein himmlischer Gruß ...", so heißt es in Fred Raymonds schwungvollem Operettenklassiker „Saison in Salzburg" aus der Vorkriegszeit.

Salzburger Nockerln/Variante 2

Zutaten
für ca. 4 Personen

3 Eiklar
3 EL Zucker
3 Eidotter
2 EL Mehl

125 ml Milch
40 g Butter

Staubzucker zum Bestreuen

Zubereitung

Sehr festen Schnee schlagen. Zucker einschlagen, Eidotter und Mehl vorsichtig unterheben. In einer flachen, feuerfesten Glasschüssel Milch und Butter erhitzen. Masse darauf verteilen. Im vorgeheizten Backrohr bei 230 bis 250 °C bis zu 10 Minuten auf mittlerer Schiene backen.

Faulenzernockerln mit Zwetschkenröster

Zutaten
für ca. 4–6 Personen

Nockerln:
250 g Topfen
1 Ei
4 EL Mehl

Butterbrösel:
100 g Semmelbrösel
70 g Butter
1 P. Vanillezucker
Staubzucker zum Bestreuen

Zwetschkenröster:
1000 g Zwetschken
125 ml Wasser
Zimtrinde
200 g Kristallzucker
1 EL Rum

Zubereitung

Topfen, Ei und Mehl verrühren. Die Masse etwas ziehen lassen. Mit einem Esslöffel Nockerln formen und in kochendes Wasser einlegen. Etwa 5 Minuten leicht kochen lassen. Die Nockerln abseihen und in Butterbrösel wälzen. Mit Staubzucker bestreuen und mit Zwetschkenröster servieren.
Für den Zwetschkenröster Zwetschken waschen, entkernen und klein schneiden. Zimtrinde und Wasser zugeben, mit Zucker weich kochen und mit dem Rum verfeinern. Zugedeckt auskühlen lassen.

Erdbeer-Mascarpone-Nockerln

Zutaten
für ca. 4–6 Personen

200 g Erdbeeren
250 g Mascarpone
250 g Topfen
250 g Joghurt
100 g Staubzucker
1 P. Vanillezucker
Saft einer Orange
etwas Zitronensaft
3 Blatt Gelatine

Erdbeeren zum Garnieren

Zubereitung

Erdbeeren waschen, in kleine Stücke schneiden und pürieren. Gelatine in kaltem Wasser einweichen. Mascarpone, Topfen, Joghurt, Zucker, Vanillezucker sowie Orangen- und Zitronensaft gut verrühren. Erdbeerpüree untermischen.
Die in ganz wenig heißem Wasser aufgelöste Gelatine in die Erdbeermasse einrühren und in eine Auflaufform füllen. Im Kühlschrank 2 bis 3 Stunden fest werden lassen. Mit einem Löffel große Nockerln ausstechen und mit Erdbeerstückchen garnieren. Nach Belieben mit Staubzucker bestreuen.

Joghurtnockerln

Zutaten
für ca. 4–6 Personen

250 g Joghurt
80 g Staubzucker
Saft einer 1/2 Zitrone
3 Blatt Gelatine
250 g Schlagobers

Erdbeer-, Himbeer- oder Heidelbeermark

Zubereitung

Gelatine in wenig kaltem Wasser einweichen. Joghurt, Staubzucker und Zitronensaft verrühren. Die erwärmte und in etwas Wasser aufgelöste Gelatine und das geschlagene Obers vorsichtig unter die Joghurtmasse heben. Die Masse im Kühlschrank erkalten lassen. Mit einem Löffel Nockerln ausstechen und auf Erdbeer-, Himbeer- oder Heidelbeermark anrichten.

Schmarren

Topfenschmarren

Zutaten
für ca. 4 Personen

4 Eier
250 g Bauerntopfen
188 ml Sauerrahm
Salz
80 g Auszugsmehl
20 g Rohrohrzucker

Öl mit feinem Buttergeschmack zum Ausbacken

Zubereitung

Eier trennen. Passierten Topfen nach und nach mit Eidottern, Salz und Sauerrahm verrühren.
Mehl unterheben und zum Schluss den Rohrohrzucker und das steif geschlagene Eiklar unterrühren.
In einer Pfanne Öl erhitzen und die Masse eingießen.
Auf beiden Seiten schön goldgelb werden lassen, zerkleinern und nochmals kurz nachbacken.

Grießschmarren

Zutaten
für 2 Personen

2 Eier
80 g Dinkelgrieß
125 ml Wasser
1 EL Schlagobers
1 EL Rohrohrzucker
1 Prise Bourbonvanille
1 Prise Salz

60 g Butter zum Ausbacken

Zubereitung

Die Eier trennen, das Eiklar zu steifem Schnee schlagen.
Die restlichen Zutaten vermischen, kühl 5 Minuten quellen lassen und den Schnee behutsam unterheben.
In einer Pfanne mit Butter beide Seiten goldbraun backen, dann den Teig mit zwei Gabeln in Stücke teilen.

Buttermilchschmarren mit Beerensoße

Zutaten

für ca. 4 Personen

Teig:
5 Eier
250 ml Buttermilch
140 g glattes Mehl
Schale einer unbehandelten Zitrone
1 P. Vanillezucker
50 g Kristallzucker
1 Prise Salz
30 g Butter zum Ausbacken

Staubzucker zum Bestreuen

Beerensoße:
2 TL Vanillepuddingpulver
150 ml Orangensaft
40 g Kristallzucker
50 g gemischte, getrocknete Beeren

Minze zum Garnieren

Zubereitung

Die getrockneten Beeren mit etwas Wasser übergießen und 1 Stunde ziehen lassen.
Für die Soße Puddingpulver mit 4 EL des Orangensaftes glatt rühren. Den übrigen Orangensaft mit Zucker aufkochen, Puddingmischung einrühren und die Soße unter Rühren dick einkochen. Die Beeren ohne Rühren behutsam zur Soße geben und durchschwenken, vom Herd nehmen und beiseite stellen.
Das Backrohr auf 200 °C vorheizen. Eier trennen. Buttermilch mit Mehl, Eidottern, abgeriebener Zitronenschale und Vanillezucker glatt rühren. Eiklar mit Zucker und 1 Prise Salz zu Schnee schlagen und unter die Buttermilchmasse heben.
Butter in einer Pfanne erhitzen, Teig einlaufen und kurz stocken lassen. Schmarren im Rohr (mittlere Schiene/Gitterrost) etwa 6 Minuten backen. Schmarren mit zwei Gabeln zerpflücken, mit Staubzucker bestreuen. Buttermilchschmarren mit Beerensoße auf Teller anrichten und mit frischer Minze garnieren.

Kaiserschmarren

Zutaten
für ca. 4–6 Personen

250 ml Milch
250 g Mehl
Salz
6 Eidotter
40 g Zucker
6 Eiklar
Rosinen nach Belieben

Öl mit feinem Buttergeschmack zum Ausbacken

Zucker zum Bestreuen

Zubereitung

Milch, Mehl und Salz glatt rühren. Eidotter und Zucker untermengen, Schnee vorsichtig unterheben. In einer Pfanne Öl erhitzen und den Teig 2 cm hoch einleeren.
Auf beiden Seiten goldgelb backen. Mit zwei Gabeln zerteilen, mit Zucker bestreuen und sofort anrichten. Der Schmarren kann auch im Rohr ausgebacken werden.

Kaiserschmarren

Der altösterreichische Kaiserschmarren ist eines jener zahlreichen österreichischen Gerichte, die Kaiser Franz Joseph I. seinen Namen verdanken.
Im Gasthaus Rettenbachmühle bei Bad Ischl soll es gewesen sein, wo für Kaiser Franz Joseph der Legende nach das erste Mal der original Ischler Kaiserschmarren zubereitet wurde. Er soll ihm sehr gemundet haben und wurde bald eine unverzichtbare Mehlspeise für alle Österreicher.

Apfelschmarren

Zutaten
für ca. 4–6 Personen

250 ml Milch
250 g Mehl
4–6 Eidotter
50 g Zucker
Salz
250 g Äpfel
4–6 Eiklar

Öl mit feinem Buttergeschmack zum Ausbacken

Zubereitung

Aus Mehl, Milch, Eidottern, Zucker und feinblättrig geschnittenen Äpfeln einen Schmarrenteig bereiten (Grundrezept S. 10). Schnee unterheben und in heißem Öl ausbacken.

Semmelschmarren

Zutaten
für ca. 4–6 Personen

6 Semmeln
250 ml Milch
2 Eier
50 g Zucker
Salz
30 g Rosinen

100 g Butter zum Dünsten

Zucker zum Bestreuen

Zubereitung

Milch mit Eiern, Zucker und Salz versprudeln. Über die blättrig geschnittenen Semmeln gießen und Rosinen untermengen. In heißer Butter im Rohr dünsten. Zu dieser einfachen Mehlspeise passen gut Kompott oder Obstsaft.

Palatschinken und Omeletten

as Zubereiten von Palatschinken

unterschiedlich können Palatschinken gefaltet werden

Marmeladepalatschinken

Zutaten
für ca. 4 Personen

250 ml Milch
2 Eier
Salz
Zucker nach Belieben
125 g Mehl

Butter zum Ausbacken

feine Marillenkonfitüre zum Besteichen
Staubzucker zum Bestreuen

Zubereitung

Milch, Eier, Salz und evtl. 20 g Zucker verrühren und zuletzt das Mehl rasch untermengen. In einer flachen Pfanne etwas Butter erhitzen, einen Schöpflöffel Teig darin gleichmäßig dünn verteilen und auf beiden Seiten goldbraun backen.
Mit Marillenkonfitüre bestreichen, einrollen und mit Staubzucker bestreuen. Sofort servieren!

Kartoffelpalatschinken

Zutaten
für ca. 4 Personen

70 g Kartoffeln
125 g Mehl
1 Ei
Salz
Milch nach Bedarf

Zubereitung

Gekochte, geriebene Kartoffeln, Milch, Mehl, Ei und Salz zu einem Palatschinkenteig verrühren. Weitere Zubereitung wie Marmeladepalatschinken.

Topfenpalatschinken

Zutaten
für ca. 4 Personen

Palatschinken:
250 ml Milch
2 Eier
Salz
Zucker nach Belieben
125 g Mehl

Butter zum Ausbacken

Fülle:
200 g Topfen
2 Eidotter
60 g Zucker
etwas Obers
30 g Rosinen
2 Eiklar für den Schnee

250 ml Milch und
2 Eidotter zum
Übergießen

Zubereitung

Milch, Eier, Salz und evtl. 20 g Zucker verrühren und zuletzt das Mehl rasch untermengen. In einer flachen Pfanne etwas Butter erhitzen, einen Schöpflöffel Teig darin gleichmäßig dünn verteilen und auf beiden Seiten goldbraun backen.
Alle Palatschinken fertig backen, mit Topfen füllen und in eine befettete, feuerfeste Form schlichten. Mit den in Milch versprudelten Eidottern übergießen. Im Backrohr etwa 20 Minuten bei 220 °C auf unterer Schiene backen.

Beerenpalatschinken „Gartenlust"

Zutaten
für ca. 4–6 Personen

Teig:
3 Eier
100 g Mehl
500 ml Milch

Fülle:
Vanilleeis
Himbeeren
Erdbeeren
Brombeeren

Fruchtmus:
passierte Beeren
Zucker nach Geschmack
Beerenlikör

Zubereitung

Eier, Mehl und Milch miteinander verrühren. Dünne Palatschinken backen. Für das Fruchtmus alle Zutaten miteinander vermischen.
Die Palatschinken mit einer Kugel Vanilleeis und verschiedenen Beeren füllen.
Mit Fruchtmus verzieren.

Schoko-Nuss-Palatschinken

Zutaten
für ca. 4 Personen

Teig:
250 ml Milch
125 g Fini's Feinstes Weizenmehl universal
2 Eier
Salz
Zucker nach Belieben

Überzug:
Schokoladendessertsoße
etwas Milch

125–150 ml Obers zum Garnieren
100 g gehackte Nüsse zum Bestreuen

Zubereitung

Palatschinkenteig bereiten.

Etwa 8 Palatschinken herausbacken. Jede Palatschinke als Viertel zusammenlegen, mit Schokoladensoße (Dessertsoße mit etwas Milch verrühren) überziehen, mit gehackten Nüssen bestreuen und mit dem geschlagenen Obers dekorieren.

Dinkelpalatschinken mit Topfenfülle

Zutaten
für 4 Personen

Palatschinken:
150 g Dinkelvollmehl
1 Prise Salz
2 EL Schlagobers
250 ml Wasser
1 Ei

Butter zum Ausbacken

Topfenfülle:
60 g Topfen
20 g Sauerrahm
1 Prise Bourbonvanille
1 EL fein gemahlener Rohrohrzucker
Saft und Schale einer 1/4 Zitrone
1 EL Rosinen

Zubereitung

Für die Palatschinken die angegebenen Zutaten vermischen, eine 1/2 Stunde kühl rasten lassen, nach Bedarf die Flüssigkeitsmenge erhöhen. Der Teig sollte relativ flüssig sein.
Nach Möglichkeit in einer Antihaftpfanne mit wenig Butter Palatschinken backen.
Für die Fülle alle Zutaten mit der Gabel gut verrühren, die lauwarmen Palatschinken damit bestreichen, einrollen und sofort servieren.

Wussten Sie,
dass Dinkel unvergleichlich gut duftet?

Palatschinken mit Erdbeeren

Zutaten
für 4 Personen

Teig:
150 g Mehl
500 ml Milch
3 Eier
1 Prise Salz
1 EL Butter

Butter zum Ausbacken

50 g Staubzucker zum Bestreuen

Fülle:
500 g Erdbeeren
250 g Magertopfen
200 g Erdbeerkonfitüre
1 TL Vanillezucker

Zubereitung

Erdbeeren waschen und Kelche entfernen. Ein Drittel der Früchte in Scheiben schneiden, Rest pürieren.
Püree mit Erdbeerscheiben, Topfen, Konfitüre und Vanillezucker mischen.
Mehl mit Eiern, Milch und Salz gut verrühren. 1 EL flüssige Butter zufügen.
Palatschinken in Butter ausbacken und warm stellen.
Jeweils eine Palatschinke auf einen Teller legen, Erdbeermasse darauf verteilen.
Palatschinke einrollen, mit Staubzucker bestreuen und sofort servieren.

Tipp
Die Erdbeerfülle schmeckt auch mit Naturjoghurt anstelle von Topfen fruchtig frisch.

Ribisel-Schaum-Omelette

Zutaten
für ca. 4 Personen

6 Eidotter
1 Prise Salz
2 EL heißes Wasser
6 Eiklar
3 EL Zucker
2 EL Maisstärke

Butter zum Ausbacken

Ribiseln zum Füllen
Staubzucker zum Bestreuen

Zubereitung

Eidotter mit 1 Prise Salz und dem heißen Wasser schaumig rühren. Eiklar zu steifem Schnee schlagen, Zucker und Maisstärke unterheben. In einer Pfanne Butter zergehen lassen, Ei-Schaum-Masse für eine Omelette hineingießen und stocken lassen (nicht wenden!). Mit einem Deckel zudecken. Nacheinander Omeletten auf diese Weise herausbacken.
Die fertigen Omeletten mit gezuckerten Ribiseln füllen und mit Staubzucker bestreuen.

Das Ausbacken einer Schaumomelette: Der steif geschlagene Schnee macht die Omelette schaumig und leicht

Omelette mit verschiedenen Früchten („Schönbrunner Omelette")

Zutaten

für ca. 4–6 Personen

5 Eiklar
50 g Zucker
5 Eidotter
50 g Mehl
50 g Butter

verschiedene Früchte: z. B. Heidelbeeren, Erdbeeren, Ribiseln etc.

Staubzucker zum Bestreuen oder Schokoladeguss (Rezept S. 38)

Zubereitung

In den sehr festen Schnee Zucker einschlagen, Eidotter und Mehl unterheben. In einer Pfanne Butter zerlassen und Früchte zugeben. Omelettenmasse darüber gießen, backen, zusammenschlagen und mit Staubzucker bestreuen oder mit Schokoladeguss überziehen.

Die imperiale Wiener Schlossanlage Schönbrunn mit ihren Nebengebäuden und dem weitläufigen Park zählt aufgrund ihrer langen und recht bewegten Geschichte zu einem der bedeutendsten Kulturdenkmäler Österreichs. Ursprünglich ein Anwesen mit Herrenhaus, gelangte es 1569 in habsburgischen Besitz. Damit war der Grundstein für einen repräsentativen Wohnsitz und auch für einen Lust- und Tiergarten gelegt. Kaiser Karl VI. schenkte Schönbrunn seiner Tochter Maria Theresia, die schon immer eine Vorliebe für das Schloss mit den umliegenden Gärten hatte. Die Regierungszeit Maria Theresias bedeutete für Schönbrunn eine glanzvolle Epoche und Schönbrunn wurde zum Mittelpunkt des höfischen und politischen Lebens. Unter ihrem persönlichen Einfluss und unter der Leitung des Architekten Nikolaus Pacassi wurde das ehemalige Jagdschloss Josephs I. zu einer Residenz umgebaut und erweitert.

Nudeln

Topfenwutzinudeln

Zutaten
für ca. 4 Personen

250 g mehlige Kartoffeln
350 g Dinkelvollkornmehl
250 g passierter Topfen
1 Ei
Salz

Butter zum Schwenken
Mohn und Rohrzucker
zum Bestreuen

Den Namensbestandteil „wutzi“ haben diese Nudeln, weil sie vor dem Einlegen in Salzwasser mit den Händen gerollt (auf Österreichisch „gewutzelt“) werden.

Zubereitung

Kartoffeln in leicht gesalzenem Wasser kochen, schälen, noch heiß durch die Kartoffelpresse drücken und erkalten lassen. Rasch mit den restlichen Zutaten vermengen und 5 Minuten rasten lassen. Aus dem Teig Rollen von ca. 1 cm Durchmesser formen, in 3 bis 4 cm lange Stücke schneiden. An den Enden durch Hin- und Herrollen „zuspitzen“ und in Salzwasser einmal aufkochen lassen. Sie sind gar, wenn sie an die Oberfläche steigen. Die Wutzinudeln abseihen, in Butter schwenken und mit Mohn und Rohrzucker bestreuen.

Nussnudeln aus Kartoffelteig

Zutaten
für ca. 4 Personen

800 g mehlige Kartoffeln
100 g griffiges Mehl
20 g Weizengrieß
20 g Butter
1 Eidotter
Salz

Mehl zum Ausarbeiten
Salzwasser

Zum Wälzen:
80 g Honig
80 g Butter
80 g geriebene Walnüsse

Staubzucker zum Bestreuen

Zubereitung

Kartoffeln dämpfen, schälen und passieren. Mit Mehl, Grieß, Butter, Eidotter und Salz rasch zu einem glatten Teig verarbeiten.
Teig zu einer Rolle formen, kleine Stücke abschneiden. Diese an den Enden zuspitzen.
Nudeln in Salzwasser 4 bis 5 Minuten kochen, abseihen, abschrecken und gut abtropfen lassen.
Honig und Butter durch Erwärmen schmelzen, geriebene Walnüsse dazugeben und Nudeln darin schwenken.
Zum Anrichten mit Staubzucker bestreuen.

Anstatt der Nüsse können auch Mohn oder Mandeln verwendet werden.

Nussnudeln aus Nudelteig

Zutaten
für ca. 4 Personen

Nudelteig aus 300 g Mehl
oder 400–500 g
Fertignudeln

50 g Butter
100 g geriebene Nüsse,
Mohn oder Mandeln
40 g Zucker zum
Bestreuen

Zubereitung

Laut Grundrezept S. 12 einen Nudelteig bereiten. Nach dem Rasten dünn ausrollen, in 5 cm breite Streifen schneiden und übertrocknen lassen. 4 Streifen übereinander legen, dazwischen leicht bemehlen. Der Breite nach in 5 mm breite Nudeln schneiden und übertrocknet ca. 1 bis 2 Minuten kochen.
Butter und Nüsse in einer Pfanne leicht anrösten und mit den gekochten Nudeln mischen. Die Nudeln mit Staubzucker bestreuen und mit Kompott servieren.
Anstatt der Nüsse können auch Mohn oder Mandeln verwendet werden.

Topfenfleckerln

Zutaten
für ca. 4–6 Personen

300 g Fleckerln aus Dinkelmehl
50 g Butter
2 EL Staubzucker
1 Ei
250 g Topfen
50 g geriebene Nüsse
50 g Rosinen
abgeriebene Zitrone
125 ml Milch
1 Eidotter
1 TL Staubzucker

Butter für die Form

Zubereitung

Fleckerln in Salzwasser bissfest kochen, abseihen und abtropfen lassen. Einen Abtrieb aus Butter, Zucker, Ei und Topfen bereiten. Fleckerln, Zitronenschale, Nüsse und Rosinen unterheben, Auflauf in eine vorbereitete Form füllen und glatt streichen. Milch, Eidotter und Zucker versprudeln, über den Auflauf gießen und diesen im vorgeheizten Backrohr bei 180 °C ca. 30 Minuten backen.

Kletzennudeln mit Honigbutter

Zutaten
für ca. 4–6 Personen

Nudelteig aus 300 g Mehl

500 g Kletzen (getrocknete Birnen)
250 g Bröseltopfen
50 g Semmelbrösel
50 g gemahlene Nüsse
2 EL Rum
1 P. Vanillezucker
1 TL Zimt gemahlen
Saft und Schale einer 1/2 Zitrone

2 EL Honig
50 g Butter

Als „Kletzen“ bezeichnet man in Österreich getrocknete Birnen. Sie werden vor allem im Advent und zu Weihnachten oft und gerne für süße Mehlspeisen verwendet.

Zubereitung

Nudelteig laut Grundrezept S. 12 bereiten. Kletzen in Wasser weich kochen. Die Früchte abseihen, Stängel und Kerngehäuse entfernen und die Früchte faschieren. Fruchtmasse mit den übrigen Zutaten zu einer glatten Masse verrühren, eine Rolle formen und in 12 gleichmäßige Stücke teilen.
Den Teig ebenfalls zu einer Rolle formen und in 12 gleiche Stücke teilen. Diese zu ovalen, mindestens handtellergroßen, dünnen Fladen ausrollen, füllen und zu einem Halbkreis zusammenfalten. Die Teigkanten zwischen Daumen und Zeigefinger fest zusammendrücken und in einem Abstand von ca. 1 cm nach innen schlagen, sodass ein zackiger, gewellter Rand (Randeln) entsteht. Die Nudeln in kochendes Salzwasser einlegen und ca. 10 bis 15 Minuten kochen, bis sie an der Oberfläche schwimmen. Mit einem Siebschöpfer herausheben und anrichten. Butter und Honig schmelzen, über die Kletzennudeln gießen und sofort servieren.

Waldviertler Mohnnudeln

Zutaten
für ca. 4–6 Personen

750 g Kartoffeln
250 g Mehl
30 g Butter für die Pfanne
100 g Mohn

50 g Zucker zum Bestreuen

Das Waldviertel, die nördlichste Region Österreichs, ist berühmt für seinen Graumohn. Die Küche kennt traditionell zahlreiche Gerichte mit Mohn.

Zubereitung

Kartoffeln schälen und in Salzwasser kochen. Abseihen und passieren. Mit einem Kochlöffel Löcher in die Masse stoßen. Mehl darüber streuen und zugedeckt weiterdämpfen lassen. Die Masse gut verrühren. Nudeln formen und in eine bebutterte Pfanne schlichten. Mit geriebenem Mohn bestreuen und im Rohr kurz überbacken. Mit Zucker bestreuen und sofort servieren.

Milchnudeln

Zutaten
für ca. 4–6 Personen

200 g Bandnudeln (Grundrezept S. 12 oder Fertignudeln)
1500 ml Milch
400 ml Wasser
2 EL Staubzucker
1 P. Vanillezucker
1 Prise Salz
1 Streifen Zitronenschale

1 P. Vanillepuddingpulver

Zubereitung

Milch-Wasser-Gemisch mit den Gewürzen aufkochen, Nudeln einkochen und nicht zugedeckt unter mehrmaligem Umrühren ca. 15 Minuten kochen. Das Puddingpulver mit 100 ml Wasser anrühren, unter die Milchnudeln mischen und unter Umrühren zu einer cremigen Konsistenz kochen.

In Fett herausgebackene Mehlspeisen

Hochzeitsnigelen

Zutaten
ca. 14 Stück

150 g mehlige Kartoffeln
400 g glattes Mehl
Salz
30 g Kristallzucker
250 ml Obers
1 P. Trockengerm
1 Ei
1 Eidotter
1 EL Rum

Butter zum Ausbacken

Honigsoße:
20 g Honig
20 g Butter
etwas Wasser
60 ml Obers
Zimt
30 g gemahlener Mohn

Zubereitung

Kartoffeln dämpfen, schälen und passieren, mit Mehl, Salz, Zucker, Obers, Trockengerm, Ei, Eidotter und Rum rasch zu einem weichen Germteig verarbeiten, abschlagen und aufgehen lassen.
Nussgroße Teigkugerln abstechen, zu kleinen Knöderln formen, zugedeckt gehen lassen, Butter erhitzen, Kugerln darin ausbacken.

Für die Honigsoße Honig mit Butter leicht erwärmen und zum Schmelzen bringen (wenn der Honig sehr hart ist, etwas Wasser zugeben), Obers einrühren.
Zimt und Mohn in Honigsoße mischen.

Hochzeitsnigelen sind eine warme Brauchtumsspeise aus dem Lesachtal – vor dem Genießen werden sie mit kalter oder warmer Honigsoße übergossen.

Auf keiner traditionellen burgenländischen Hochzeit dürfen sie fehlen, die kleinen runden Bällchen aus Kartoffelteig.

Gebackene Rosen

Zutaten
ca. 10 Stück

200 g Mehl
50 g Butter
3 Eidotter
Salz
1 EL Rum
Obers nach Bedarf

Fett zum Ausbacken

30 g Marillenkonfitüre zum Verzieren
Staubzucker zum Bestreuen

Zubereitung

Die Zutaten (siehe Grundrezept Mürbteig S. 18) rasch zu einem glatten Teig verarbeiten. Diesen ca. 3 mm dünn ausrollen und Teigrosen von 3 unterschiedlichen Größen ausstechen. Mit etwas Eiklar übereinander setzen und mit einem Kochlöffelstiel in der Mitte festdrücken. Die Teigrosen verkehrt (mit der Oberseite nach unten) ins heiße Fett geben und goldbraun backen.
Abtropfen lassen und in der Mitte mit Marillenkonfitüre verzieren.
Mit Staubzucker bestreuen.

Birnenradeln

Zutaten
für ca. 4 Personen

Teig:
75 g Mehl
1 Prise Salz
1/4 TL Zimt
4 EL Milch
2 Eidotter
3 EL Wasser
2 Eiklar

3 nicht zu weiche Birnen
Birnenschnaps und Zucker zum Einlegen
Fett zum Ausbacken

Zimt und Zucker zum Bestreuen

Zubereitung

Die Birnen schälen, in Scheiben schneiden und entkernen. Birnenschnaps und Zucker verrühren und die Birnenscheiben darin 15 Minuten ziehen lassen. Mehl, Salz und Zimt in eine große Schüssel sieben. Milch, Eidotter und Wasser zugeben und alles glatt rühren.
Eiklar zu festem Schnee schlagen und vorsichtig unter den Teig heben.
Die Birnenscheiben in den Teig tauchen und in einer Pfanne knusprig backen. Mit Zimtzucker bestreuen und heiß servieren.
Dazu schmeckt Vanilleeis sehr gut.

Gebackene Holunderblüten

Zutaten
für ca. 4 Personen

200 g Mehl
500 ml Milch
1 Eidotter
2 Eier
1 Prise Salz
100 g Zucker

Holunderblüten (Dolden)

Fett zum Ausbacken

Staubzucker zum Bestreuen

Zubereitung

Mehl, Milch, Eidotter, Eier, Salz und Zucker mit einem Quirl zu einem dünnen Teig verrühren. Die Holunderblüten waschen, abtrocknen und am Stängel haltend in den dünnen Omelettenteig tauchen. Im heißen Fett schwimmend backen. Vor dem Servieren mit Staubzucker bestreuen.

Polsterzipf

Zutaten
für ca. 4–6 Personen

500 g Mehl
4–5 Eidotter
375 ml Obers oder Milch
Salz
etwas Weißwein

Fett zum Ausbacken

Zucker zum Bestreuen

Zubereitung

Die Zutaten zu einem glatten Teig verkneten. Eine 1/2 Stunde rasten lassen. Den Teig ca. 3 mm dick ausrollen. Mit einem Teigrad Quadrate von ca. 8 bis 10 cm Seitenlänge ausschneiden. Diese diagonal durchschneiden, damit Dreiecke entstehen. In heißem Fett goldgelb ausbacken. Abtropfen und mit Zucker bestreuen.

Schneeballen

Zutaten
für ca. 4–6 Personen

200 g Mehl
3 Eidotter
ca. 60 ml Obers
1 EL Rum
Salz

Fett zum Ausbacken

Zucker zum Bestreuen

Zubereitung

Aus Mehl, Eidottern, Obers, Rum und Salz einen feinen Teig kneten. Diesen rasten lassen. Sehr dünn ausrollen. Mit einem Teigrad Vierecke ausschneiden und diese innen fingerbreit 4 bis 6-mal einschneiden. Teigstreifen abwechselnd aufnehmen und übereinander ziehen, sodass eine Kugel entsteht. In sehr viel heißem Fett schwimmend hell backen. Abtropfen lassen und mit Staubzucker bestreuen.

Süße Aufläufe und Gratins

Scheiterhaufen

Zutaten
für ca. 4–6 Personen

6 Semmeln
250 ml Milch
2 Eier
Salz
30 g Rosinen
30 g gehackte Haselnüsse
50 g Zucker
250 g Äpfel

50 g Butter zum Bestreuen

2 Eiklar und
80 g Zucker für die Schneehaube

Zubereitung

Milch, Eier und Salz versprudeln und über die blättrig geschnittenen Semmeln gießen. Ziehen lassen. In eine befettete Auflaufform schichtweise Semmeln und blättrig geschnittene Äpfel geben. Dazwischen Zucker, Rosinen und gehackte Haselnüsse streuen. Mit einer Schicht aus geschnittenen Semmeln abdecken, mit Butterflocken bestreuen. Bei 190 bis 200 °C auf mittlerer Schiene ca. 30 Minuten backen.

Zur Verfeinerung kann knapp vor dem Servieren eine Schneehaube aufgestrichen und hell gebacken werden.

Die vielen Schichten aus mit Milch und Ei durchtränkten Semmeln geben dem Scheiterhaufen seinen nicht ganz so lieblichen Namen.

Topfen-Apfel-Auflauf

Zutaten
für ca. 4 Personen

selbst gemachte Nudeln Grundrezept S. 12 oder 400 g gekochte Fertignudeln

Topfensoße:
2 EL Rosinen
3 EL Rum
250 g Topfen
3 EL Obers
2 EL Staubzucker
2 EL Vanillezucker
2 EL Zitronensaft

2 große Äpfel

20 g Butter zum Ausbacken
2 P. Vanillezucker
4 EL geriebene Haselnüsse
1 TL gemahlener Zimt

Zubereitung

Rosinen waschen und in Rum marinieren. Topfen mit den übrigen Zutaten (Obers, Staubzucker, Vanillezucker, Zitronensaft) zu einer cremigen Masse verrühren. Äpfel schälen und in dünne Spalten schneiden. Butter in einer Pfanne erhitzen und die Äpfel darin anbraten. Nudeln, Zimt, Vanillezucker und Haselnüsse unterheben und die gesamte Masse erhitzen. Portionsweise anrichten und mit der vorbereiteten Topfenmasse überziehen.

Topfenauflauf

Zutaten
für ca. 4–6 Personen

50 g Butter
5 Eidotter
70 g Zucker
250 g Topfen
50 g Nüsse
Milch nach Bedarf
5 Eiklar
50 g Semmelbrösel
30 g Rosinen

Butter zum Bestreichen

Zubereitung

Unter den Abtrieb von Butter, Eidottern und Zucker Topfen und Nüsse einrühren. Mit Milch auflockern. Steif geschlagenen Schnee, Semmelbrösel und Rosinen untermengen. Die Masse in eine gut befettete Auflaufform geben und bei 190 bis 220 °C auf mittlerer Schiene ca. 30 Minuten backen.

Reisauflauf mit Äpfeln

Zutaten
für ca. 4–6 Personen

1000 ml Milch
200 g Reis
etwas Salz

100 g Butter
100 g Zucker
Zitronenschale
4 Eidotter
4 Eiklar

2 Äpfel
2 EL Rosinen
etwas Zucker

Ribiselmarmelade zum Bestreichen
leichte Eiweißmasse aus 3 Eiklar und 50 g Zucker

Zubereitung

Den Reis mit etwas Salz in der Milch weich dünsten und kalt stellen. Aus Butter, Zucker, Zitronenschale und Eidottern einen Abtrieb bereiten und mit dem kalten Reis und dem Schnee vermengen. Die Hälfte der Masse in eine befettete Auflaufform geben, mit fein geschnittenen Äpfeln und Rosinen bestreuen, zuckern und mit der zweiten Hälfte der Reismasse abschließen. Bei mäßiger Hitze im Rohr backen. Nach dem Backen dünn mit Ribiselmarmelade bestreichen und mit einer leichten Eiweißmasse überziehen. Nochmals kurz und bei schwacher Hitze überbacken.

Grießauflauf

Zutaten
für ca. 6 Personen

1000 ml Milch
1 Prise Salz
375 g Fini's Feinstes Weizengrieß
200 g Butter
150 g Zucker
4 Eidotter
4 Eiklar

Butter und Mehl für die Form

Zubereitung

Grieß in der gesalzenen Milch dick einkochen und erkalten lassen. In den Abtrieb aus Butter, Zucker und Eidottern den Grieß und den steif geschlagenen Schnee untermengen. In einer befetteten und bemehlten Auflaufform backen.
Mit Fruchtsaft oder Kompott servieren.

Sonntagsauflauf

Zutaten
für ca. 4–6 Personen

500 g Äpfel
Weißwein
50 g Zucker
Zimtrinde
Zitronenschale
Rosinen
Biskotten
etwas Rum
Marillenmarmelade

Vanillecreme aus
3 Eidottern (siehe Rezept S. 41)
Windmasse aus 50 g
Zucker und 3 Eiklar

Zucker zum Bestreuen

Zubereitung

Äpfel entkernen und in Scheiben schneiden. Diese in Wein mit Zucker, Zimtrinde und Zitronenschale dünsten. In eine bebutterte Auflaufform legen, mit Rosinen bestreuen, mit Biskotten belegen, mit Rum betropfen und mit Marillenmarmelade dünn bestreichen. Vanillecreme darüber geben und mit Eiweißmasse überziehen. Mit etwas Zucker bestreuen und eine 1/2 Stunde im Rohr backen.

Schokoladereis

Zutaten
für ca. 4–6 Personen

1000 ml Milch
200 g Reis
Salz
4 Eidotter
150 g Zucker
80 g Butter
50 g Schokolade
4 Eiklar

etwas Vanillezucker zum Bestreuen

Zubereitung

Reis in gesalzener Milch weich dünsten und auskühlen lassen. Aus Eidottern, Zucker, Butter und erweichter Schokolade einen Abtrieb bereiten. Reis beimengen und fest geschlagenen Schnee untermengen. Masse in eine befettete Auflaufform geben. Bei mittlerer Hitze und 230 °C auf unterer Schiene ca. 30 Minuten backen. Mit Vanillezucker bestreuen und sofort servieren.

Gratin mit Erdbeeren

Zutaten
für ca. 6 Personen

500 g Erdbeeren
60 g Zucker
200 ml Rotwein
(für Kinder: Traubensaft)
1 Orange
4 Eier
40 g Butter
60 g Mehl

Zubereitung

Erdbeeren waschen, entkelchen und vierteln.
Früchte zuckern und mit Wein und dem Saft der ausgepressten Orange übergießen.
Mindestens 1 Stunde ziehen lassen.
Erdbeeren absieben und in eine befettete Auflaufform füllen, den Saft aufbewahren.
Eier trennen, Eiklar zu Schnee schlagen.
Mehl in der geschmolzenen Butter kurz andünsten, mit dem Saft ablöschen und aufkochen.
Topf vom Herd nehmen, Eidotter einrühren und steif geschlagenes Eiklar vorsichtig unterheben.
Diese Creme über die Erdbeeren in der Backform gießen.
Gratin im vorgeheizten Backrohr 20 Minuten bei 170 °C backen.

Topfen-Nudel-Auflauf mit Schneehaube und frischen Beeren

Zutaten
für ca. 4–6 Personen

Nudelteig aus 300 g Mehl (Fini's Feinstes Dinkelmehl oder Hirse) oder 400–500 g Fertignudeln

100 g Butter
50 g Zucker
2 Eidotter
250 g Magertopfen
Salz
2 EL Obers
abgeriebene 1/2 Zitrone
3 Eiklar

4 EL Marillenkonfitüre zum Bestreichen

Schneehaube:
2 Eiklar
200 g Zucker

Butter für die Form

Beerensoße:
250 g gemischte Beeren
2 P. Vanillezucker

Zubereitung

Aus dem Nudelteig (Grundrezept S. 12) Bandnudeln schneiden, in Salzwasser bissfest kochen, abseihen und gut abtropfen lassen. Aus Butter, Zucker, Eidottern, Topfen, Salz, Obers und Zitrone einen Abtrieb herstellen. Eiklar zu Schnee schlagen und mit dem Abtrieb unter die Nudelmasse ziehen. Die Masse in die vorbereitete Form füllen und im Rohr bei 180 °C 30 Minuten backen. Auflauf aus dem Rohr nehmen, mit Marillenkonfitüre dünn bestreichen. Für die Schneehaube Eiklar steif schlagen und mit dem gesiebten Staubzucker zu steifem Schnee schlagen. Schneemasse auf den Auflauf streichen oder mithilfe eines Spritzsacks dressieren. Auflauf wieder in das Backrohr schieben und ca. 15 bis 20 Minuten, bis der Schnee leicht gebräunt ist, fertig backen. Beerenfrüchte mit Vanillezucker marinieren, einmal kurz aufkochen und noch heiß zum Auflauf servieren.

Feine Schnitten

Kapitel 8

Backen für Fortgeschrittene

Der Tortenbäcker hatte schon im Mittelalter eine wichtige Stellung. Meist war er vom vielen Süssen auch gewichtig. Diese Dinge handeln nun von der echten Zuckerbäckerei und erinnern mich sehr an mein Staunen vor Tortenvitrinen im Kaffeehaus, aber auch an publicityträchtige Kämpfe um die einzig echte Sachertorte. Das Interessante daran: Es ging immer nur um die echte, obwohl jeder weiss – die beste machen Sie ... zu Hause, und die ist manchmal schon vor dem Glasieren aufgegessen, wenn Sie sie nicht in einem sicheren Versteck beschützen.

Zugeben dürfen wir es schon – die bekannteste Torte der Welt ist sie allemal. Nur in manchen Ländern, z. B. Holland, erkennt man sie nicht als Sachertorte. Obwohl ... oder gerade deshalb schreibt der Zuckerbäcker ihren Namen schokoladig glänzend darauf. Und wer nie eine einfache Biskuitroulade zelebriert hat, der weiss nicht, wie Biskuit klebrig sein kann.

Bei all diesen zuckerbäckerischen Tätigkeiten ist es wie bei den Wiener Philharmonikern: Wie werde ich Mitglied? ... üben, üben, üben ...

Kuchen, Torten, nd Rouladen

Allerlei Kuchen

Wiener Gugelhupf

Zutaten

250 g Butter oder Margarine
250 g Staubzucker
1 P. Vanillezucker
abgeriebene Schale einer 1/2 Zitrone
1 Prise Salz
4 Eier
300 g glattes Mehl
1/2 P. Backpulver
etwas Milch

Staubzucker zum Bestreuen

Zubereitung

Die weiche Butter mit Zucker, Vanillezucker, Zitronenschale und 1 Prise Salz schaumig rühren. Das mit Backpulver versiebte Mehl abwechselnd mit den Eiern unterrühren und so viel Milch beifügen, dass der Teig reißend vom Löffel (Knethaken) fällt. Eine Gugelhupfform mit Butter ausstreichen und bemehlen. Im vorgeheizten Backrohr bei 170 bis 190°C backen. Den Gugelhupf noch lauwarm mit Staubzucker bestreuen.

Birnenkuchen

Zutaten
für ca. 6 Personen

Teig:
400 ml Milch
42 g Frischgerm
520 g Vollmehl (z. B. Mischung aus Dinkel und Kamut)
200 g Butter
4 große Eier
80 g Rohrohrzucker

Belag:
600 g Birnen
125 ml Birnengeist (oder -likör)
1 Hand voll Buchweizenpops (oder Haferflocken)
100 g Mandelblättchen
2–3 EL Vanillezucker

Zubereitung

Die Milch erwärmen, die Germ dazubröseln und glatt rühren.
Unter das Mehl rühren und abgedeckt an einem warmen Ort 25 Minuten gehen lassen.
Die Butter zergehen lassen, die Eier mit Zucker schaumig rühren, die Butter untermischen, dann alles unter den Germteig rühren.
Wieder 25 Minuten gehen lassen.
Die Birnen nach Belieben schälen, 1 cm groß würfeln und mit dem Birnengeist (oder -likör) vermischen.
Den Teig in eine mit Butter ausgestrichene Kuchenform geben.
Zuerst die Birnenwürfel, danach die Buchweizenpops (bzw. die Haferflocken), anschließend die Mandelblättchen auf den Teig geben und nach Belieben mit Vanillezucker bestreuen. Das ergibt einen wunderbaren Karamellgeschmack nach dem Backen.
Bei 200 °C etwa 40 Minuten backen.

Wussten Sie ...?
Kamut ist eine Urform des Weizens, auch unter Pharaonenkorn bekannt, und verleiht dem Teig eine wunderbar gelbe Farbe. Gepoppter Buchweizen wird wie Popcorn hergestellt.

Bischofsbrot

Zutaten
für ca. 8–10 Personen

6 Eiklar
110 g Zucker
6 Eidotter
110 g geschnittene Nüsse
110 g Rosinen
110 g getrocknete und geschnittene Marillen
110 g Mehl
etwas Rum zum Anfeuchten des Mehls

Zubereitung

In den steif geschlagenen Schnee Zucker einschlagen. Eidotter, geschnittene Nüsse, Marillen, Rosinen und Mehl untermengen. In einer Bischofsbrotform bei 180 °C und mittlerer Schiene ca. 45 Minuten backen. Nüsse, Rosinen und kandierte Früchte vor dem Untermengen in den Teig in Mehl wälzen. Damit das Mehl gut hält, vorher etwas anfeuchten (am besten mit Rum).

Das Bischofsbrot ist ein klassisches österreichisches Teegebäck.

Zucchinikuchen

Zutaten
für ca. 6 Personen

3 Eier
180 g Rohrohrzucker
1 P. Vanillezucker
125 ml neutrales Öl (z. B. Distelöl)
400 g Zucchini
1 Prise Salz
1 TL Zimt
1 TL Natron
1/2 TL Muskatnuss
100 g Nüsse (oder Sonnenblumenkerne)
150 g Rosinen
2 Birnen (oder 2 Äpfel)
300 g Dinkelvollmehl
1/2 P. Weinsteinbackpulver

Zubereitung

Eier, Zucker und Vanillezucker schaumig rühren, das Öl beimengen und weiterrühren.
Dann die fein geriebenen Zucchini, Salz, Zimt, Natron, Muskatnuss, die grob gehackten Nüsse (bzw. Sonnenblumenkerne), die fein gehackten Rosinen, die fein geriebenen Birnen (bzw. Äpfel) und das Mehl mit dem Weinsteinbackpulver nacheinander unterrühren.
Auf ein befettetes und mit Dinkelvollmehl bestreutes Backblech geben und bei 180 °C etwa 45 Minuten backen.

Apfelkuchen mit Kürbiskernen

Zutaten

für ca. 6 Personen

6 Eidotter
6 Eiklar
200 g Zucker
3 EL Rum
150 g grob gehackte Kürbiskerne
500 g geschälte und in kleine Würfel geschnittene Äpfel
200 g Dinkelvollkornmehl
200 g geriebene Walnüsse
Semmelbrösel nach Belieben

Staubzucker zum Bestreuen

Zubereitung

Eidotter mit der Hälfte des Zuckers schaumig schlagen. Aus Eiklar festen Schnee schlagen und den restlichen Zucker einschlagen. Eidottermasse mit Rum, Kürbiskernen sowie Äpfeln vermischen und den Schnee unterheben. Mehl mit Nüssen vermischen und leichthändig unter die Schaummasse heben. In einer bebutterten und mit Mehl bestaubten Tortenform bei 170 °C etwa 45 Minuten backen. Auskühlen lassen und mit Staubzucker bestreuen. Mit Apfelsaft, Most oder Wein servieren.
Mit einer Rumglasur überzogen und mit Schlagobers serviert, avanciert dieser einfache Kuchen zur Festtagstorte.
Eine typisch steirische Note bekommt er, wenn trendiges Vanilleeis mit Kürbiskernöl dazugereicht wird.

Nüsse, Kürbiskerne und Dinkel verbinden sich zu einem ungewöhnlich „nussigen“ Geschmack. Die Äpfel machen den Kuchen saftig.

Kartoffel-Mohn-Kuchen

Zutaten

für ca. 10 Personen

250 g mehlige Kartoffeln
8 Eiklar
150 g Butter
70 g Staubzucker
8 Eidotter
Salz
Zimt
Vanillezucker
Schale einer unbehandelten Zitrone
220 g gemahlener Mohn
120 g geriebene Nüsse
20 g Semmelbrösel

Zubereitung

Kartoffeln dämpfen, schälen und passieren.
Schnee schlagen, Butter, Zucker, Eidotter und Gewürze (Salz, Zimt, Vanille und Zitronenschale) flaumig rühren.
Kartoffeln dazugeben.
Schnee mit geriebenem Mohn, geriebenen Nüssen und Semmelbröseln unterheben.
In einer Kastenform bei 170 °C ca. 1 Stunde backen.

Früchtekuchen

Zutaten
für ca. 8–10 Personen

100 g getrocknete Zwetschken
200 g getrocknete Marillen
200 g Rosinen
63 ml Rum
4 Eier
150 g Zucker
100 g glattes Mehl
1/2 P. Backpulver
150 g Haferflocken
150 g gehackte Haselnüsse
100 g gehackte Mandeln
100 g gehackte Aranzini

Butter und Haferflocken für die Form

Zubereitung

Trockenfrüchte gut waschen, würfelig schneiden und in Rum einweichen. Eier mit Zucker dickschaumig rühren. Mehl mit Backpulver versieben und mit Haferflocken, Nüssen, Aranzini und Trockenfrüchten unter die Eimasse mengen.
Teig in eine gut befettete und mit Haferflocken ausgestreute Kastenform (Inhalt etwa 1500 ml) füllen, Oberfläche glatt streichen. Im vorgeheizten Backrohr bei 150 °C etwa 65 Minuten backen. Früchtebrot stürzen und gut auskühlen lassen.

Schokolade-Müsli-Kuchen

Zutaten
für ca. 10 Personen

Teig:
100 g Haferflocken
125 ml Milch
je 200 g Butter und Honig
6 Eier
80 g geriebene Wal- oder Haselnüsse
140 g gehackte Mandeln
100 g gehackte Schokolade
100 g Rosinen
100 g Weizenvollkornmehl
1/2 P. Backpulver

Marillenmarmelade
Mandelblättchen

Glasur:
120 g Kochschokolade
100 g Butter

Zubereitung

Die Haferflocken mit Milch übergießen und 30 Minuten stehen lassen. Die weiche Butter schaumig rühren und den Honig löffelweise beigeben. Die Eier nach und nach beifügen und zu einer cremigen Masse aufschlagen. Die restlichen Teigzutaten und die eingeweichten Rosinen unterrühren. Den Teig in eine befettete und bemehlte Kastenform einfüllen und glatt streichen. Im vorgeheizten Backrohr bei 170 °C etwa 50 Minuten backen. Kuchen überkühlen lassen und vorsichtig auf ein Tortengitter stürzen.
Für die Schokoladenglasur die Schokolade mit der Butter über Dampf zerlassen und gut verrühren. Den Kuchen mit heißer Marillenmarmelade und anschließend mit der Glasur überziehen. Kurz antrocknen lassen und die Mandelblättchen darauf streuen.

Kirschenkuchen

Zutaten

für ca. 6 Personen

4 Eier
250 g Butter
200 g Rohrohrzucker
1 P. Vanillezucker
250 g Dinkelvollmehl
1 P. Weinsteinbackpulver
1000 g Kirschen

Zubereitung

Eier, Butter und Zucker mit dem Vanillezucker schaumig rühren, dann das Mehl mit dem Weinsteinbackpulver untermischen.
Auf ein befettetes und mit Dinkelvollmehl bestäubtes Backblech streichen, mit Kirschen belegen (entkernt oder mit Kern, je nach Belieben) und im vorgeheizten Backrohr bei 180 °C ca. eine 3/4 Stunde backen.
Nach Belieben mit fein gemahlenem Rohrohrzucker bestreuen.

Variante:

Für einen Marillenkuchen nehmen Sie nur 200 g Dinkelvollmehl, zusätzlich jedoch 50 g geriebene Nüsse.
Für einen Zwetschkenkuchen nehmen Sie ebenfalls nur 200 g Dinkelvollmehl, zusätzlich jedoch 50 g geriebenen Mohn.

Zwetschken-Streusel-Kuchen

Zutaten
für ca. 6 Personen

200 g Butter
150 g Zucker
1 Prise Salz
3 EL Vanillezucker
1 Ei
400 g Mehl
800 g halbierte und entkernte Zwetschken
100 g Kristallzucker

Zubereitung

Die Butter zerlassen und mit Zucker, Salz, Vanillezucker, dem Ei und der Hälfte des Mehls verrühren. Die restliche Hälfte des Mehls beigeben und mit den Händen zu Streuseln verarbeiten. Backrohr vorheizen.
Die Hälfte des Streuselteiges mit einem etwa 3 cm hohen Rand in die Tortenform drücken. Die Zwetschken waschen, entkernen, halbieren und auf dem Boden verteilen.
Mit Kristallzucker bestreuen und die restlichen Streusel auf den Zwetschken verteilen.
Den Kuchen ins Backrohr schieben und bei 180 °C ca. 45 Minuten goldgelb backen.

Zwetschken-Topfen-Kuchen

Zutaten
für ca. 6 Personen

Rührteig:
200 g Butter
200 g Zucker
4 Eidotter
4 Eiklar
250 g Mehl
1/2 P. Backpulver
1 P. Vanillezucker

Topfenmasse:
500 g Topfen
150 g Zucker
1 P. Vanillezucker
2 Eidotter
2 Eiklar
60 g Butter
Saft einer Zitrone

Streusel:
100 g Butter
130 g Mehl
50 g Staubzucker

600 g Zwetschken

Zubereitung

Butter, Zucker und Eidotter schaumig rühren. Mehl mit Backpulver vermischen und untermengen. Zuletzt den Schnee unterheben. Die Masse auf das Blech streichen.
Für die Topfenmasse Butter, Zucker und Eidotter schaumig rühren. Topfen und Zitronensaft beigeben und den Schnee unterheben. Diese Masse auf den Teig streichen, mit Zwetschken belegen und den Streusel darüber geben. Bei 180 °C ca. 45 Minuten backen.
Für den Streusel Butter zerlassen, Mehl einrühren und mit der Gabel zerdrücken, bis Krümel entstehen. Von der Kochplatte nehmen und den Staubzucker einrühren.

Erdbeercharlotte

Zutaten
für ca. 6 Personen

Rührteig:
6 Eidotter
6 Eiklar
300 g Zucker
6 EL Wasser
1 P. Vanillezucker
250 g Mehl
1 TL Backpulver

Fülle:
500 g Topfen
6 Blatt Gelatine
250 ml pürierte Erdbeeren
150 g Zucker
Saft einer 1/2 Zitrone
250 ml Schlagobers
Erdbeermarmelade

Obers und Erdbeeren zum Garnieren

Zubereitung

Backrohr vorheizen. Eidotter, Zucker, Vanillezucker und Wasser sehr schaumig rühren. Eiklar zu steifem Schnee schlagen. Mehl mit Backpulver vermischen und in die Eidottermasse einsieben. Schnee unterheben. Ein Backblech mit Backpapier auslegen und die Masse darauf verteilen.
Bei 200 °C ca. 15 Minuten backen.
Nach dem Backen den Teig auf ein mit Kristallzucker bestreutes Geschirrtuch stürzen. Mit Erdbeermarmelade bestreichen und noch warm einrollen.
Gelatine in kaltem Wasser einweichen. Topfen mit Zucker und Erdbeerpüree verrühren. Die Gelatine in Zitronensaft auflösen. Obers steif schlagen und beides in die Topfenmasse rühren.
Eine Kuppelform mit Frischhaltefolie auslegen und mit der in Scheiben geschnittenen Biskuitroulade sorgfältig auslegen. Die Topfenmasse einfüllen. Mit den restlichen Biskuitscheiben belegen und über Nacht kühl stellen.
Am nächsten Tag stürzen und die Frischhaltefolie abziehen. Mit Schlagobers und frischen Erdbeeren verzieren.

Joghurt-Butter-Kuchen

Zutaten
für ca. 6–8 Personen

250 ml Milch
30 g Germ
400 g Mehl
125 g Mehl
100 g Zucker
150 g Joghurt-Butter
10 g Salz
2 g Zitrone
2 g Kardamon

125 g Joghurt-Butter
125 g Staubzucker

50 g Mandeln zum Bestreuen

Zubereitung

Die lauwarme Milch und die Germ in eine Rührschüssel geben und 400 g Mehl dazusieben. Zugedeckt etwa 20 Minuten rasten lassen. Mehl, Zucker, Joghurt-Butter und Gewürze beimengen und zu einem glatten Teig verkneten. Den Teig auf Blechgröße rollen und auf ein bebuttertes, bemehltes Backblech geben. Den ausgerollten Teig wieder 20 Minuten rasten lassen. In der Zwischenzeit die 125 g Butter und den Staubzucker schaumig schlagen. Mit Zeigefinger und Mittelfinger im Abstand von einem 1/2 Zentimeter Vertiefungen in den Teig drücken. Dann mit einem Spritzbeutel die aufgeschlagene Joghurt-Butter mit dem Staubzucker in die Löcher spritzen. Zum Schluss mit Mandeln bestreuen und bei 220 °C ca. 30 Minuten backen. Ausgekühlt in Tortendreiecke schneiden und servieren.

Maulwurfskuchen mit Himbeeren

Zutaten
für ca. 6 Personen

5 Eidotter
200 g Zucker
125 ml Wasser
125 ml Öl
130 g geriebene Haselnüsse
130 g Mehl
1 P. Backpulver
3 EL Kakao
5 Eiklar
50 g Zucker

Belag:
500 g Himbeeren
5 EL Himbeerlikör
250 ml Schlagobers
1 P. Vanillezucker

Zubereitung

Eidotter, Zucker, Wasser und Öl schaumig schlagen. Nüsse, Mehl, Backpulver und Kakao dazugeben. Das Eiklar mit 50 g Zucker steif schlagen und unter die Masse heben.
Den Teig in eine befettete und bemehlte Tortenform streichen und bei 180 °C ca. 45 Minuten backen.
Die Himbeeren waschen und abtropfen lassen. Von der ausgekühlten Torte waagrecht ein Viertel abschneiden und zerbröseln. Die restliche Torte mit dem Himbeerlikör befeuchten und mit den Himbeeren belegen.
Schlagobers schlagen und Vanillezucker dazugeben.
Über die Himbeeren streichen und die Tortenbrösel darüber streuen.

Ribiselkuchen

Zutaten
für ca. 6 Personen

3 Eidotter
150 g Staubzucker
50 g Butter
1 P. Vanillezucker
3 EL Wasser
63 ml Milch
250 g Mehl
1/2 P. Backpulver

Belag:
3 Eiklar
100 g Kristallzucker
Ribiseln

Zubereitung

Eidotter und Staubzucker verrühren, Butter, Vanillezucker, Wasser, Milch und das mit Backpulver vermischte Mehl einrühren.
Auf ein befettetes Backblech streichen (Achtung: Der Teig lässt sich schwer verstreichen.) und bei 200 °C ca. 10 bis 15 Minuten backen.
Nach dem Backen den Belag (Eiklar mit Kristallzucker schlagen und Ribiseln unterheben) aufstreichen. Nochmals ins Backrohr schieben, bis die Schneehaube leicht gebräunt ist.

Apfel-Streusel-Kuchen

Zutaten

für ca. 6 Personen

Mürbteig:
1 EL fein gemahlener Rohrohrzucker
1 Ei
100 g Butter
250 g Dinkelvollmehl
2 EL Sauerrahm
1 Prise Salz

Fülle:
750 g gedünstete Äpfel (mit wenig Saftanteil, evtl. abtropfen lassen)
2 EL Quittengelee (oder -mus)
1 Msp. Kardamom
1 Msp. Bourbonvanille
1 Msp. Zimt
1 EL Puddingpulver (oder Maisstärke)
Saft einer 1/2 Zitrone

Streusel:
100 g Dinkelvollmehl
50 g zerlassene Butter
1 EL Rohrohrzucker
1 Msp. Bourbonvanille
30 g Mandelblättchen

Zubereitung

Aus den angegebenen Zutaten einen Mürbteig herstellen (siehe Grundrezept S. 18), eine 1/2 Stunde kühl rasten lassen.
Den Teig ausrollen, entweder auf Backblechgröße oder für eine Tortenform, und 5 Minuten bei 180 °C vorbacken.
Für die Fülle alle Zutaten vermischen und auf den Teig streichen.
Für den Streusel alle Zutaten vermischen und auf die Fülle bröseln.
Bei gleicher Temperatur fertig backen, bis der Streusel eine goldgelbe Farbe hat.

Mürber Kuchen mit Kartoffeltopfen auf Beerensoße

Zutaten
für ca. 10 Personen

Teig:
200 g Butter
300 g glattes Mehl
1 P. Backpulver
60 g Staubzucker
2 Eier

Fülle:
400 g mehlige Kartoffeln
2 Eier
250 g Topfen
300 g Staubzucker
2 P. Vanillezucker
Schale einer unbehandelten Zitrone
2 EL Rum
Ei zum Bestreichen

Beerensoße:
250 g frische Erdbeeren
1 Zitrone
Vanillezucker
50 g Staubzucker

Staubzucker zum Bestreuen

Zubereitung

Abgebröselten Mürbteig aus Butter, Mehl, Zucker, Backpulver und Eiern herstellen. Masse halbieren, Kartoffeln dämpfen, schälen und passieren. Etwas überkühlt mit Eiern, Topfen, Zucker, Vanillezucker, Zitronenschale und Rum vermischen.
Die Teighälften zu je einem Rechteck auswalken, Bodenplatte auf ein Blech legen und Fülle aufstreichen. Deckplatte darüber legen und mit Ei bestreichen. Bei 180 °C ca. 50 Minuten goldbraun backen.

Für die Beerensoße alle Zutaten mit dem Stabmixer pürieren. Den mürben Kuchen in Portionen teilen, mit Staubzucker bestreuen und auf Beerensoße anrichten.

Rehrücken

Zutaten

für ca. 6 Personen

Teig:
120 g Butter
120 g Staubzucker
5 Eidotter
100 g erweichte Schokolade
50 g geriebene Mandeln
30 g Semmelbrösel
50 g glattes Mehl
5 Eiklar
2 EL Feinkristallzucker

Marillenmarmelade zum Füllen

Glasur:
100 g Kochschokolade
80 g Butter oder Margarine

1/2 Tasse gestiftelte Mandeln zum „Spicken"

Zubereitung

Die weiche Butter zunächst allein und dann mit dem Staubzucker glatt verrühren, nach und nach 3 Eidotter einrühren, dann abwechselnd die im Wasserbad erweichte, aber gut überkühlte Schokolade. Die restlichen Eidotter und das Gemisch aus Mehl, Mandeln und Semmelbröseln abwechselnd einrühren. Die Eiklar zu steifem Schnee schlagen, zuletzt den Feinkristallzucker zugeben. Den Schnee unter den Teig ziehen. Die Masse in eine gut befettete, bemehlte Rehrückenform füllen und im vorgeheizten Backrohr bei 160 bis 180 °C backen. Stäbchenprobe machen! Den Rehrücken nach dem Herausnehmen 5 Minuten rasten lassen, ein Tortengitter auflegen und den Kuchen stürzen. Auskühlen lassen. 2-mal der Länge nach durchschneiden und mit Marillenmarmelade füllen. Mit Schokoladeguss (Rezept S. 38) überziehen und mit gestiftelten Mandeln „spicken". Mit Schlagobers servieren.

Grießkuchen

Zutaten
für ca. 6 Personen

250 g Dinkelgrieß
250 ml Milch
2 Eier
100 g Rohrohrzucker
200 g geriebene Mandeln
50 g Dinkelvollmehl
1 P. Weinsteinbackpulver

300 g helle Marmelade zum Bestreichen

50 g weiche Milchschokolade
30 g Mandelblättchen zum Bestreuen

Zubereitung

Grieß und Milch gut verrühren und 7 Minuten quellen lassen.
Eier mit Rohrohrzucker schaumig rühren.
Den Grieß gut untermischen.
Mandeln mit Mehl und Weinsteinbackpulver gut mischen und unterheben.
Die Masse in Torten- oder Kastenform bei 170 °C etwa 1 Stunde backen und noch warm in Frischhaltefolie 8 Stunden ziehen lassen.
Den erkalteten Kuchen 2-mal durchschneiden, mit 3/4 der Marmelade füllen und mit der restlichen Marmelade bestreichen.
Die Schokolade in einen Spritzsack füllen.
Die Oberfläche beliebig damit verzieren und den Rand mit Mandelblättchen bestreuen.

Mühlviertler Rahmkuchen

Zutaten
für ca. 6 Personen

3 Eidotter
250 g Feinkristallzucker
125 ml Öl
1 P. Vanillezucker
250 g geriebene Hasel- oder Walnüsse
250 g Sauerrahm
250 g glattes Mehl
2 gestrichene TL Backpulver
(3 Eiklar bleiben übrig!)

Zubereitung

Eidotter, Zucker, Vanillezucker und Öl zusammen sehr schaumig schlagen, Mehl mit Backpulver versieben und abwechselnd mit dem Rahm unterrühren. Den Teig in eine mit Backpapier ausgekleidete Kastenform füllen und im vorgeheizten Backrohr bei 160 bis 180 °C ca. 50 Minuten backen. Stäbchenprobe machen! Den Kuchen einige Minuten in der Form überkühlen lassen, anschließend mit dem Papier herausheben und mit Staubzucker bestreuen.

Haferflockenkuchen

Zutaten
für ca. 6 Personen

100 g ohne Fett geröstete Haferflocken
150 g Mehl
1 Prise Salz
2 gestrichene TL Backpulver
1 gestrichener TL Zimt
1 Msp. Gewürznelken
120 g Butter oder Margarine
1 Ei
100 g Feinkristallzucker
1 P. Vanillezucker
abgeriebene Schale einer Zitrone
50 g geriebene Haselnüsse
1 EL Rum
1 TL Zitronensaft
4–5 EL kalte Milch

3 EL Ribisel- oder Marillenmarmelade zum Füllen

Zubereitung

Haferflocken in der Pfanne ohne Fett rösten und zum Auskühlen beiseite stellen. Mehl mit Backpulver, Zimt und Nelkenpulver versieben. Diese Mischung mit Butter oder Margarine abbröseln. Eine Vertiefung machen, darin Ei, Zucker, Vanillezucker und Zitronenschale verrühren. Die ausgekühlten Haferflocken und die Haselnüsse darüber streuen. Rum, Zitronensaft und an anderer Stelle die Milch beifügen. Alles zu einem glatten Teig vermengen, den man in eine vorbereitete Tortenform füllt. Dabei einen 2 bis 3 cm hohen Rand drücken. Den Tortenboden mit Marmelade bestreichen. Im vorgeheizten Backrohr bei 160 bis 180 °C ca. 40 Minuten backen. Den Kuchen erst am nächsten Tag anschneiden. Unter einer Folie hält er sich lange frisch!

Ölkuchen

Zutaten
für ca. 6 Personen

4 Eidotter
250 g Zucker
125 ml Öl
125 ml Wasser
280 g Mehl
etwas Backpulver
4 Eiklar

Zubereitung

Eidotter und Zucker schaumig rühren. Öl und Wasser langsam einschlagen. Den steif geschlagenen Schnee, Mehl und Backpulver langsam unterheben. Ölkuchenmasse in beliebiger Form bei 180 °C und unterer Schiene ca. 45 Minuten backen.

Marmorgugelhupf

Zutaten
für ca. 6 Personen

140 g Butter
200 g Zucker
4 Eidotter
125 ml Milch
Zitronenschale
300 g Mehl
1 P. Backpulver
4 Eiklar
30 g Kakao

Zubereitung

Unter den Abtrieb von Butter, Zucker und Eidottern Milch, Zitronenschale und die Hälfte des Mehls untermengen. Das restliche Mehl mit dem Backpulver versieben und gemeinsam mit dem steif geschlagenen Schnee unterheben.
Unter die Hälfte des fertigen Teiges den mit etwas Milch verrührten Kakao mengen. Löffelweise abwechselnd die braune und helle Masse in eine befettete und bemehlte Backform geben und bei 180 °C und unterer Schiene ca. 60 Minuten backen.

Baumkuchen

Zutaten

für ca. 6 Personen

250 g Butter oder Margarine
250 g Staubzucker
Schale einer 1/2 Zitrone
5 ganze Eier
125 g glattes Mehl
125 g Maisstärke
2 EL Rum

250–300 g Ribiselmarmelade zum Zusammensetzen

Glasur:
2 gehäufte EL Staubzucker
1 EL Zitronensaft

Zubereitung

Butter oder Margarine glatt rühren, mit Staubzucker und abgeriebener Zitronenschale schaumig rühren. Ein Ei dazugeben und gut verrühren. Die restlichen Eier abwechselnd dem mit Maisstärke versiebten Mehl beifügen, zuletzt den Rum unterrühren. Diesen Teig in Schichten backen. Dazu den Boden einer Springform mit Backpapier belegen. Eine dünne Schicht Teig auf den Boden verteilen und im vorgeheizten Backrohr bei 200 bis 220 °C in 8 bis 10 Minuten goldbraun backen. Nach dem Herausnehmen mit dem Papier auf ein Kuchengitter stürzen, ein neues Backpapier und eine neue Schicht Teig auftragen. Die zweite Schicht ebenso backen, bis der Teig aufgebraucht ist. Die Masse ergibt 4 bis 5 Böden. Die einzelnen Schichten werden nacheinander noch warm mit Ribiselmarmelade zusammengesetzt. Der letzte Boden wird mit Zitronenglasur überzogen. Für die Glasur Zitronensaft und Staubzucker glatt verrühren und auf der Kuchenoberfläche mit einem langen Messer verteilen.

Torten

Altösterreichische Fladentorte

Zutaten

für ca. 10–12 Personen

Teig:
400 g Mehl
125 g Zucker
120 g Gänse- oder anderes Geflügelfett (als Alternative Butter)
2 Eier

Für die drei Füllen:
500 g geschälte, in dünne Scheiben geschnittene Äpfel
1 EL Zucker
1/2 TL Zimt

400 g Powidl (sehr dick eingekochtes Pflaumenmus)

100 g fein geriebener Mohn
250 ml Milch
3 gehäufte EL Zucker
1 EL Butter
8 fein geriebene Gewürznelken
evtl. 1 EL Semmelbrösel
1 Hand voll Rosinen

1 Ei zum Bestreichen

Zubereitung

Äpfel mit 1 EL Wasser weich dünsten.
Mohn in Milch weich kochen, mit Zucker, Butter und Gewürznelken würzen, evtl. mit 1 EL Semmelbrösel binden. Die 3 Füllen sollten etwa die gleiche Festigkeit haben.
Aus Mehl, Zucker, Fett und Eiern einen Mürbteig bereiten, in 4 gleich große Stücke teilen. Jedes Stück zu einem etwa 20 x 30 cm großen Fladen ausrollen und 3 davon bei 200 °C 10 Minuten vorbacken.
Ein Blech mit Butter bestreichen oder mit Backpapier auslegen, einen vorgebackenen Fladen darauf legen und die Mohnmasse mit Rosinen vermischt aufstreichen. Den zweiten vorgebackenen Fladen darauf legen, mit Äpfeln belegen und mit Zucker und Zimt bestreuen. Den dritten vorgebackenen Fladen darauf legen und mit Powidl bestreichen. In den letzten, den nicht vorgebackenen Fladen, mit einer Gabel ein Muster einstechen und auf die Powidlschicht legen. Mit Ei bestreichen und bei 180 °C etwa 30 Minuten backen.
Auskühlen lassen und mit einem Brotmesser vorsichtig in kleine Vierecke schneiden.
Zum Sonntagskaffee oder mit gutem Rotwein servieren.
Die Schnittfläche besteht aus 7 Schichten und erinnert schon beinahe an Konfekt.

Diese jüdische Sabbat-Torte mit drei verschiedenen Füllungen ist ein kulinarisches Kunstwerk aus Galizien, der ehemaligen östlichsten Provinz der Donaumonarchie.

Nusstorte

Zutaten
für ca. 10–12 Personen

150 g Butter
200 g Staubzucker
1 P. Vanillezucker
2 Eidotter
250 g Fini's Feinstes Weizenmehl glatt
2 gestrichene TL Backpulver
1/2 Tasse starker Bohnenkaffee
3 Eiklar
1 EL Feinkristallzucker
100 g geriebene Wal- oder Haselnüsse

Glasur:
100 g Kochschokolade
80 g Butter

Zubereitung

Butter mit Zucker, Vanillezucker und Eidottern schaumig rühren. Das mit Backpulver versiebte Mehl abwechselnd mit dem Kaffee einrühren, dann den steifen Schnee unterheben, in den man zuletzt 1 EL Feinkristallzucker eingeschlagen hat. Den Boden einer Springform mit Backpapier auslegen, den Rand mit weicher Butter bepinseln und mit griffigem Mehl stauben. Den Teig einfüllen und im vorgeheizten Backrohr bei Mittelhitze ca. 50 Minuten backen. Stäbchenprobe machen! Die ausgekühlte Torte mit Schokoladeguss (Rezept S. 38) überziehen.

Malakofftorte

Zutaten
für ca. 10–12 Personen

40 Stück Biskotten
Milch mit etwas Rum

Creme:
150 g Zucker
150 g Butter
2 Eidotter
150 g geriebene Hasel- oder Walnüsse
50 g Zucker

250 ml Schlagobers und kandierte Früchte zum Verzieren

Zubereitung

Für die Creme Butter, Zucker und Eidotter schaumig rühren. Die geriebenen Nüsse mit Zucker rösten, ausgekühlt mit steif geschlagenem Schlagobers unter den Abtrieb mengen. Den Rand und den Boden einer Tortenform mit Biskotten auslegen, den Innenraum der Form schichtweise mit Creme und in Rummilch getauchten Biskotten füllen. Die Torte kalt stellen und vor dem Servieren aus der Form nehmen. Mit Schlagobers und kandierten Früchten verzieren.

Wachauer Torte

Zutaten

für ca. 10–12 Personen

2 Eidotter
150 g Staubzucker
3 EL Wasser
2 EL Öl
1 P. Vanillezucker
100 g erweichte Kochschokolade
2 Eiklar
1 EL Feinkristallzucker
120 g Mehl
1 gestrichener TL Backpulver

Creme:
250 ml Schlagobers
1 P. Sahnesteif
150 g Marillenmarmelade
60 g Staubzucker
4 Blatt weiße Gelatine
3 EL Weißwein

Zubereitung

Eidotter, Staubzucker, Wasser, Öl und Vanillezucker schaumig rühren. Die erweichte, überkühlte Schokolade beifügen. Eiklar steif schlagen, zuletzt etwas Feinkristallzucker einrieseln lassen, auf die Eidottermasse geben. Das mit Backpulver vermischte Mehl darüber sieben. Schnee und Mehl mit einem Schneebesen gut unterrühren.
Den Boden einer Springform mit Backpapier auslegen, den Rand befetten und bemehlen. Die Torte im vorgeheizten Backrohr bei 160 bis 180 °C ca. 30 Minuten backen. Erst nach 15 Minuten den Rand der Form lösen und die Torte mit dem Papier auf ein Kuchengitter stürzen. Erst nach dem Erkalten mit der Creme bestreichen.

Für die Creme das Schlagobers steif schlagen. Sahnesteif nach Packungsanleitung darunter schlagen. Marillenmarmelade mit Staubzucker verrühren. Die Gelatine in kaltem Wasser einweichen, ausdrücken, in heißem Weißwein auflösen und unter die Marmelade mischen. Zuletzt das Schlagobers unterrühren. Die Torte vor dem Servieren 2 bis 3 Stunden kalt stellen.

Die Wachau ist eine klimatisch äußerst begünstigte Region und seit Jahrtausenden besiedelt. Davon zeugen bedeutende Funde wie die „Venus von Willendorf". In kulinarischer Hinsicht berühmt ist die Wachau für ihr Obst (hier vor allem die Marille) und ihren Wein. Beide Zutaten finden sich in dieser köstlichen Torte.

Sachertorte

Zutaten

für ca. 10–12 Personen

140 g Butter
140 g Staubzucker
5 Eidotter
140 g erweichte Schokolade
50 g feine Semmelbrösel
5 Eiklar
2 EL Feinkristallzucker

3 EL Marillenmarmelade zum Bestreichen

Glasur:
100 g Kochschokolade
80 g Butter

Zubereitung

Butter glatt rühren und dann mit Staubzucker schaumig rühren. Die Eidotter nach und nach beifügen, dann die erweichte, überkühlte Schokolade.
Die Semmelbrösel einrühren und zuletzt den steif geschlagenen Schnee unterheben, in den man zuletzt den Feinkristallzucker eingeschlagen hat. Eine Springform befetten und bemehlen. Die Torte im vorgeheizten Backrohr bei 150 bis 170 °C langsam backen. Stäbchenprobe machen! Die Torte noch warm mit gut abgerührter Marillenmarmelade bestreichen und nach dem Auskühlen mit Schokoladeguss (Rezept S. 38) überziehen.

*cher, das ist eine eng mit der Geschichte sterreichs verbundene Institution.
nno 1832 wird die Geburtsstunde der chertorte angesetzt. Damals soll der noch allichtige „Kutscher Europas", Wenzel Clemens rst Metternich, den Befehl erteilt haben, für wöhnte hohe Gäste ein besonders wohlmeckendes Dessert zu kreieren. Da der efkoch krank ist, wird der Auftrag weitergelei und landet bei einem sechzehnjährigen, im eiten Lehrjahr stehenden Burschen, dem aufveckten Franz Sacher.
genden gibt es viele, sicher ist jedoch, dass die n Herrschaften letztendlich servierte ezialität außerordentlich mundete.
s der ausgelernte Koch, nach Zwischenstopps den Grafen von Esterhazy, dann in essburg und in Budapest, schließlich selbstän wird, bietet er seine schon einmal erfolgrei Mehlspeise wieder an, diesmal aber in grö angelegtem Stil. Die Sachertorte trat damals en Siegeszug um die Welt an und ist heute hl der berühmteste Exportartikel Österreichs.*

Linzertorte nach Großmutters Art

Zutaten

für ca. 10–12 Personen

140 g glattes Mehl
140 g Butter
2 hart gekochte Eidotter
140 g Staubzucker
140 g mit der Schale geriebene Mandeln
1/2 TL Zimt
1 Msp. Nelkenpulver
Saft und Schale einer 1/2 Zitrone
2 rohe Eidotter

Ribiselmarmelade zum Bestreichen
etwas Eiklar zum Bestreichen

Zubereitung

Butter mit Mehl und passierten Eidottern fein verbröseln. Zucker, Mandeln, Gewürze, Zitronensaft und -schale sowie die rohen Eidotter beifügen und alles rasch zu einem glatten Teig verkneten.
Den Rand einer Springform befetten und bemehlen, den Boden mit Backpapier auslegen. Zwei Drittel des Teiges einfüllen und einen Rand drücken. Den Teigboden mit Ribiselmarmelade bestreichen. Aus dem restlichen Teig dünne Streifen formen, als Gitter auflegen und mit Eiklar bestreichen. Im vorgeheizten Backrohr bei 160 bis 180 °C backen.

Die „Linzer Torte", so sagt man, ist die älteste bekannte Torte der Welt. Namentlich bekannt ist sie seit dem Jahr 1696. Das älteste Rezept stammt aus einem 300 Jahre alten Kochbuch: Butter, Mandeln, Zucker, Mehl und feine Gewürze wurden damals für den Teig verwendet – Zutaten, die auch heute noch ihre Gültigkeit haben.

Grießtorte mit Apfelschnee

Zutaten
für ca. 6 Personen

Teig:
300 g geschälte, entkernte und fein geriebene Äpfel
Saft und abgeriebene Schale einer unbehandelten Zitrone
80 g Grieß
6 Eidotter
4 Eiklar
100 g Zucker
60 g Maisstärke
150 g geriebene Nüsse
1 TL Backpulver

Marillenkonfitüre zum Zusammensetzen und Bestreichen

Apfelschnee:
2 geschälte, entkernte und in Viertel geschnittene Äpfel
1 EL Marillenkonfitüre
1 EL Rum
2 Eiklar
70 g Zucker

Apfelschnee diente in den mageren Nachkriegsjahren als Schlagobers-Ersatz. Zu Unrecht wurde er in den fetten Jahren wieder vergessen, denn er ist sehr schmackhaft, leicht verdaulich und cholesterinfrei.

Zubereitung

Äpfel mit dem halben Zitronensaft vermischen, mit dem Grieß verrühren und etwa 1 Stunde quellen lassen. 6 Eidotter mit der Hälfte des Zuckers schaumig schlagen, Zitronenschale und restlichen Zitronensaft einschlagen. Apfel-Grieß-Masse mit der Eidottermasse verrühren.
4 Eiklar zu steifem Schnee schlagen, den restlichen Zucker einrühren und weiter schlagen, bis der Schnee glänzend, aber noch nicht trocken ist. Unter die Eidottermasse heben. Maisstärke mit Nüssen und Backpulver vermischen und ebenfalls unterheben. Die Masse in eine mit Butter bestrichene und bemehlte Tortenform füllen und bei 170 °C 40 Minuten backen.
Auskühlen lassen, einmal durchschneiden und mit Marillenkonfitüre wieder zusammensetzen. Die Torte mit Marillenkonfitüre bestreichen und bis zum nächsten Tag rasten lassen.

Apfelschnee: Die zwei Äpfel weich dünsten, auskühlen lassen und mit 1 EL Marillenkonfitüre und Rum vermischen und pürieren. Die restlichen zwei Eiklar zu steifem Schnee schlagen, Zucker einschlagen, löffelweise die Apfelmasse dazugeben und weiterschlagen, bis eine steife Masse entsteht. Diese in einen Dressiersack füllen und dekorativ auf die Kuchenoberfläche spritzen.

Traubentorte

Zutaten
für ca. 10–12 Personen

Teig:
60 g Butter
120 g Zucker
1 P. Vanillezucker
70 g Walnüsse oder Mandeln
70 g Mehl
1 Prise Backpulver
4 Eidotter
4 Eiklar

Belag:
250 ml Schlagobers
1 EL Zucker
1 P. Sahnesteif
300 g kernlose Trauben

Zubereitung

Butter, Eidotter, Zucker und Vanillezucker schaumig rühren. Die gemahlenen Walnüsse und das Mehl untermischen. Steif geschlagenes Eiklar unterheben und den Teig in eine befettete Backform füllen. Bei 190 °C ca. 30 Minuten backen. Schlagobers mit Zucker und Sahnesteif schlagen und auf dem ausgekühlten Tortenboden verstreichen. Trauben waschen, gut abtropfen lassen und gleichmäßig auf dem steif geschlagenen Schlagobers verteilen.

Gebackene Erdbeertorte

Zutaten
für ca. 10–12 Personen

Rührteig:
150 g Butter
150 g Zucker
5 Eidotter
250 g Mehl

Haube:
5 Eiklar
150 g Zucker
500 g Erdbeeren

Zubereitung

Butter, Eidotter und Zucker abtreiben, Mehl einarbeiten.
Den Teig in die Tortenform drücken und einen kleinen Rand formen.
Den Boden nun hellgelb bei 180 °C 15 Minuten vorbacken.
Die Eiklar zu festem Schnee schlagen, den Zucker dazugeben und die Erdbeeren vorsichtig unterheben. Nun die Torte bei 180 °C 20 Minuten fertig backen.

Sie schmeckt am besten, wenn sie noch ganz frisch ist!

Kirsch-Mandel-Torte

Zutaten

für ca. 10–12 Personen

300 g Mehl
1 Prise Salz
200 g Butter oder Margarine
100 g Staubzucker
1 P. Vanillezucker
1 Ei
80 g gemahlene Mandeln
abgeriebene Schale einer 1/2 Zitrone

4–5 EL Kirschenmarmelade zum Füllen
1 verquirltes Ei zum Bestreichen

Zubereitung

Das mit 1 Prise Salz vermengte Mehl mit Butter oder Margarine verbröseln, mit Staub- und Vanillezucker vermengen. Eine Vertiefung machen, das Ei hineinschlagen, die Mandeln darüber verteilen und alles zu einem glatten Teig verkneten, den man zugedeckt 30 Minuten kühl rasten lässt. Drei Viertel des Teiges in eine vorbereitete Springform geben, einen Rand drücken. Den Boden dick mit Kirschenmarmelade bestreichen. Den restlichen Teig auf bemehlter Arbeitsfläche ausrollen, 1,5 cm breite Steifen radeln oder schneiden und die Marmelade rautenförmig damit belegen. Mit verquirltem Ei bestreichen. Die Torte im vorgeheizten Backrohr 30 bis 35 Minuten bei 180 bis 200 °C backen.

Dobostorte

Zutaten

für ca. 10–12 Personen

8 Eidotter
140 g Zucker
6 Eiklar
140 g Mehl

Creme:
250 g Butter
120 g Schokolade
2 Eidotter
50 g Zucker

Karamellglasur:
250 g Würfelzucker
etwas Butter
blättrig geschnittene Haselnüsse

Fünf hauchdünne Biskuitböden werden mit feiner Schokoladencreme gefüllt, die sechste oberste Schicht wird mit karamellisiertem Zucker überzogen. Das ist eine der feinsten und bekanntesten ungarischen Torten.

Zubereitung

Eidotter und Zucker schaumig rühren, Schnee und Mehl unterheben. Masse in 4 Teile teilen und jeweils auf den befetteten und bemehlten Tortenboden aufstreichen und bei 220 °C und mittlerer Schiene ca. 10 Minuten hell backen (wird die ganze Masse in der Tortenform gebacken, muss sie nach dem Auskühlen 4- bis 6-mal durchgeschnitten werden).

Für die Creme Butter und erweichte Schokolade flaumig rühren. Eidotter und Zucker einrühren. Die Tortenteile mit Creme zusammensetzen, den Tortenrand glatt verstreichen und mit blättrig geschnittenen Haselnüssen bestreuen. Die oberste Tortenscheibe vor dem Aufsetzen mit Karamellglasur überziehen und mit einem bebutterten Messer in Portionen teilen, solange die Glasur noch nicht ganz fest ist.

Für die Karamellglasur Würfelzucker mit Butter in einer dickwandigen Pfanne zergehen lassen, unter Rühren so lange erhitzen, bis die Masse gelb ist. Von Vorteil ist es, die Tortenscheibe zum Glasieren auf ein befettetes Pergamentpapier zu geben. Die Glasur gelingt am besten, wenn sie etwas abgekühlt ist.

Feigentorte

Zutaten

für ca. 10–12 Personen

150 g getrocknete, aber weiche Feigen
5 EL Rum
2 Eidotter
2 EL heißes Wasser
125 g Feinkristallzucker
je 1 Msp. Zimt und Nelkenpulver
125 g geriebene Haselnüsse
abgeriebene Schale von je einer 1/2 Orange und Zitrone
1 Prise Salz
125 g glattes Mehl
2 gestrichene TL Backpulver
100 g gehackte Walnüsse
2 Eiklar
etwas Feinkristallzucker

Zubereitung

Feigen fein würfeln und mit Rum beträufeln, zugedeckt ziehen lassen. Eidotter mit heißem Wasser schaumig rühren, dann unter weiterem Rühren den Feinkristallzucker beifügen und weiterschlagen, bis eine cremige Masse entsteht. Zimt, Nelken, Haselnüsse und die abgeriebene Zitronen- und Orangenschale unterrühren. Dann das mit 1 Prise Salz und dem Backpulver versiebte Mehl, zuletzt die Walnüsse und die vorbereiteten Feigen beigeben. Sollte der Teig sehr hart sein, fügt man nochmals 2 EL Rum dazu. Die Eiklar steif schlagen, gegen Ende etwas Zucker einrieseln lassen, den Schnee unter den Teig heben und gut verrühren. Den Teig in eine am Boden ausgelegte und am Rand befettete und bemehlte Form einfüllen. Im vorgeheizten Backrohr bei 150 bis 170 °C und unterer Schiene 40 bis 45 Minuten backen. Stäbchenprobe machen! Den Rand der Form erst nach 5 Minuten lösen und die Torte mit dem Papier auf ein Kuchengitter stürzen.

Muskazintorte

Zutaten

für ca. 10–12 Personen

140 g geschälte und gestiftelte Mandeln
70 g Zucker

6 Eidotter
2 Eier
210 g Zucker
140 g ungeschälte, gestiftelte Mandeln
40 g Zitronat
30 g Aranzini
Zitronenschalen
Neugewürz
Nelken
Muskat
6 Eiklar
70 g Semmelbrösel
Rum

Zucker- oder Schokoladeglasur (Rezept S. 34 bzw. 38)

Zubereitung

Geschälte und gestiftelte Mandeln mit Zucker braun rösten, ausgekühlt zerbröseln. Eidotter, Eier und Zucker schaumig rühren. Ungeschälte Mandeln stifteln und in die Masse gut einrühren. Dann die gerösteten Mandeln, das geschnittene Zitronat und die Aranzini sowie die Gewürze untermengen. Schnee und mit Rum befeuchtete Brösel unterheben. Die Torte bei 190 °C und unterer Schiene ca. 1 Stunde backen, überkühlen lassen und mit Zucker- oder Schokoladeglasur überziehen.

Gedeckte Apfeltorte

Zutaten
für ca. 10–12 Personen

Teig:
250 g Mehl
125 g kaltes Butterschmalz
80 g Zucker
1 Msp. Salz
1 Ei

Belag:
1000 g säuerliche Äpfel
2–3 EL Zitronensaft
750 ml Süßmost
2 P. Vanillepuddingpulver
200 g Staubzucker

150 g Marzipanrohmasse
3 EL Staubzucker

Glasur:
50 g Staubzucker
1–2 TL Zitronensaft

Zubereitung

Mehl mit Butterschmalzflöckchen, Zucker, Salz und Ei zu einem glatten Teig verkneten. In Folie wickeln und 1 Stunde kühl stellen.
Äpfel schälen, vierteln, Kerngehäuse entfernen. Die Apfelstücke würfeln und mit Zitronensaft beträufeln. Puddingpulver mit Süßmost nach Packungsanleitung anrühren und mit dem Staubzucker im restlichen Süßmost aufkochen. Nach Belieben noch Zucker zugeben.
Das Backrohr auf 175 °C vorheizen. Den Boden einer Springform mit Backpapier auslegen. Teig auf einer bemehlten Arbeitsfläche ausrollen, die Form damit auskleiden und einen ca. 3 cm hohen Rand andrücken. Etwa 15 Minuten vorbacken.
Die gewürfelten Äpfel mit der Puddingmasse verrühren und auf den Teig geben. Die Torte auf mittlerer Schiene ca. 40 Minuten backen.
In der Zwischenzeit die Marzipanrohmasse mit dem Staubzucker verkneten, ausrollen, in ca. 1 cm breite Streifen schneiden und gitterförmig über die Torte legen.
Weitere 15 Minuten backen.
Torte in der Form erkalten lassen. Aus Staubzucker und Zitronensaft eine Glasur anrühren und das Marzipangitter damit bestreichen.

Punschtorte

Zutaten
für ca. 10–12 Personen

6 Eidotter
170 g Zucker
140 g Fini's Feinstes Weizenmehl universal
6 Eiklar

Fülle:
Biskuitrest
125 ml gesponnener Zucker
2 EL Rum
Orangen- und Zitronensaft
2 EL Ribiselmarmelade
1 EL Kakao

Marmelade zum Bestreichen

Punsch- oder Orangenglasur (Rezept S. 34 bzw. 35)

Zubereitung

Eidotter und Zucker schaumig rühren, Schnee und Mehl unterheben, drei Viertel der Masse in der Tortenform, Rest für die Fülle in einer kleineren Form bei 190 °C und unterer Schiene ca. 50 Minuten backen. Torte nach dem Erkalten durchschneiden, füllen und glasieren.

Für die Fülle den ausgekühlten Biskuitrest zu Bröseln zerreiben, mit Zucker, Rum, Orangen- und Zitronensaft sowie Ribiselmarmelade und Kakao vermengen. Die Masse darf nicht zu weich sein. Beim Füllen ist es vorteilhaft, den unteren Biskuitboden in die gereinigte Form zu geben, zu füllen und mit der zweiten Biskuitscheibe abzudecken. Andrücken, anziehen lassen und vor dem Glasieren mit Marmelade bestreichen.

Sandtorte

Zutaten
für ca. 10–12 Personen

140 g Butter
3 Eidotter
140 g Zucker
1 KL Rum
3 Eiklar
140 g Mehl
1 Msp. Backpulver

Staubzucker zum Bestreuen

Zubereitung

Butter flaumig schlagen, Eidotter, Zucker und Rum einrühren. Den steif geschlagenen Schnee sowie das Mehl mit dem Backpulver unterheben. Die Masse in einer Tortenform bei 190 °C und unterer Schiene ca. 1 Stunde backen.

Würzige Kartoffel-Nuss-Torte

Zutaten

für ca. 10–12 Personen

500 g mehlige Kartoffeln
7 Eiklar
7 Eidotter
200 g Staubzucker
250 g geriebene Walnüsse
1 TL Backpulver
Saft einer Zitrone
60 g Rum
Zimt
Lebkuchengewürz

Staubzucker zum Bestreuen oder Zitronenglasur und Schokoladegitter

Zubereitung

Kartoffeln dämpfen, schälen und passieren. Die Eiklar zu steifem Schnee schlagen. Eidotter und Zucker schaumig rühren. Kartoffeln, geriebene Walnüsse, Backpulver, Zitronensaft, Rum, Zimt und Lebkuchengewürz beigeben. Den Schnee unterheben. Bei 180 °C ca. 1 Stunde backen. Zum Anrichten mit Staubzucker bestreuen oder mit Zitronenglasur (Rezept S. 35) überziehen. Nach Belieben ein Schokoladegitter spritzen.

Panamatorte

Zutaten
für ca. 10–12 Personen

6 Eidotter
150 g Zucker
6 Eiklar
150 g geriebene Haselnüsse
150 g Schokolade
70 g Mehl

Creme:
100 g Butter
100 g Zucker
50 g Schokolade
2 Eidotter

100 g gehackte und geröstete Haselnüsse

Zubereitung

Eidotter und Zucker schaumig rühren. Den steif geschlagenen Schnee mit geriebenen Haselnüssen, Schokolade und Mehl unterheben und bei 190 °C und unterer Schiene ca. 1 Stunde backen.

Für die Creme Butter flaumig rühren, Zucker, erweichte Schokolade und Eidotter einrühren. Torte nach dem Erkalten aus der Form lösen, durchschneiden, mit Creme füllen, bestreichen und mit gehackten, gerösteten Haselnüssen bestreuen.

Himbeer-Nuss-Torte

Zutaten
für ca. 10–12 Personen

Rührteig:
3 Eier
150 g Zucker
150 g Walnüsse

Creme:
500 ml Joghurt
150 g Zucker
1 P. Vanillezucker
6–7 Blatt Gelatine
Saft einer 1/2 Zitrone
250 ml Schlagobers

500 g Himbeeren

Zubereitung

Backrohr vorheizen. Eier und Zucker schaumig rühren und Walnüsse vorsichtig unterheben. Den Teig in eine bebutterte und mit Nüssen ausgestreute Tortenbackform geben und bei 180 °C ca. 25 bis 30 Minuten backen.

Für die Creme Gelatine einweichen. Joghurt mit Zucker und Vanillezucker vermengen. Gelatine im Zitronensaft auflösen und dazurühren. Schlagobers steif schlagen und vorsichtig unterheben.
Den ausgekühlten Kuchenboden auf einen Teller geben und einen Tortenring darüber stellen. Die Himbeeren auf dem ausgekühlten Boden verteilen. Joghurtcreme einfüllen und Torte einige Stunden kühl stellen.

Topfencremetorte

Zutaten
für ca. 10–12 Personen

Biskuitmasse:
6 Eidotter
120 g Zucker
6 Eiklar
120 g Mehl
30 g Butter

Creme:
250 g Topfen
200 g Zucker
3 Eidotter
Zitronensaft
6–8 Blatt Gelatine
500 ml Schlagobers

Zubereitung

Eidotter und zwei Drittel des Zuckers schaumig rühren. Ein Drittel des Zuckers in den Schnee einschlagen. Gemeinsam mit Mehl und zerlassener Butter unter die Eidottermasse heben. Masse in eine befettete und gut bemehlte Tortenform geben und bei 190 °C und unterer Schiene ca. 50 Minuten backen. Gut auskühlen lassen und einmal durchschneiden. Gereinigte Tortenform seitlich mit einem Küchenpapierstreifen auslegen. Die untere Biskuitplatte in die Form legen, füllen, mit der oberen Biskuitplatte abdecken und kalt stellen.

Für die Creme Topfen, Zucker, Eidotter und Zitronensaft abtreiben. Die Gelatineblätter in kaltem Wasser etwa 4 Minuten einweichen, herausnehmen, leicht ausdrücken, mit etwas Flüssigkeit bei schwacher Hitze auflösen. Langsam unter eine kleine Menge des geschlagenen Obers mengen und erst dann unter die Gesamtmenge heben.

Schnitten

Mandelschnitten

Zutaten
für ca. 8–10 Personen

420 g Mehl
280 g Butter oder Margarine
2 Eidotter
140 g Staubzucker
1 verquirltes Ei zum Bestreichen

Fülle:
90 g Butter
180 g Staubzucker
1 P. Vanillezucker
200 g geriebene Mandeln
2 EL Rum
4 EL Schlagobers
90 g Rosinen

Zubereitung

Mehl mit Butter oder Margarine verbröseln, eine Vertiefung machen, darin Eidotter und Staubzucker abrühren. Alles zu einem glatten Teig verkneten, den man kühl rasten lässt, während man die Fülle zubereitet. Für die Fülle die weiche Butter mit Staub- und Vanillezucker schaumig rühren, die Mandeln unterrühren, dann Rum und Obers und zuletzt die Rosinen dazugeben. Nach dem Rasten zwei Drittel des Teiges auf einem blechgroßen Stück Backpapier ausrollen und auf das Blech übertragen. Einen Rand drücken und die Fülle darauf verteilen. Den restlichen Teig auf bemehlter Arbeitsfläche dünn ausrollen und in 1,5 cm breite Streifen radeln. Diese gitterförmig über die Fülle legen und mit dem verquirlten Ei bestreichen. Das Blech auf der zweiten unteren Schiene ins vorgeheizte Backrohr stellen und bei 160 bis 180 °C ca. 20 Minuten backen.

Rumschnitten mit Schokola

Ribiselschnitten

Zutaten

für ca. 8–10 Personen

210 g Butter oder Margarine
140 g Staubzucker
4–5 Eidotter
280 g glattes Mehl

Belag:
ca. 500 g frische oder tiefgekühlte Ribisel

Haube:
5 Eiklar
280 g Feinkristallzucker

Zubereitung

Butter oder Margarine glatt rühren, dann mit Staubzucker und 1 Eidotter schaumig rühren. Die weiteren Eidotter abwechselnd mit dem gesiebten Mehl beifügen. Den Teig auf ein ausgelegtes Blech streichen oder mit bemehlten Händen darauf auseinander drücken. Die Teigplatte ca. 25 Minuten bei 160 bis 180 °C backen. In der Zwischenzeit für die Haube die Eiklar halbfest schlagen, dann den Zucker unter weiterem Schlagen langsam einrieseln lassen. Den vorgebackenen Teig aus dem Backrohr nehmen und mit den Ribiseln bestreuen. (Eingefrorene Ribiseln vorher nicht auftauen, weil sie sonst auf dem Teig zu viel Saft verlieren!) Die Schneemasse über den Ribiseln verteilen und den Kuchen bei 150 °C in ca. 25 Minuten fertig backen.

Apfel-Poganze

Zutaten

für ca. 6 Personen

Mürbteig:
(siehe auch Grundrezept S. 18)
300 g Mehl
2 EL Zucker
1 Prise Salz
120 g Butter
2 Eidotter und 1 Ei
1 EL Rum
2 EL Sauerrahm
3 EL Marillenmarmelade zum Bestreichen

Belag:
600 g entkernte und in kleine Würfel geschnittene Äpfel
1 EL Zitronensaft
1 EL Zucker
etwa 25 geschälte Mandeln

Zubereitung

Aus Mehl, Zucker, Salz, Butter, Eidottern, Ei, Rum und Sauerrahm einen Mürbteig bereiten. 2/3 des Teigs zu einem etwa 30 x 20 cm großen Fladen auswalken und in eine Form oder auf ein mit Backpapier ausgelegtes Blech übertragen, aus dem restlichen Teig 1 cm dicke Streifen schneiden. Marillenmarmelade auf den Tortenboden streichen.
Die Äpfel mit Zitronensaft und Zucker vermischen und darauf legen. Aus den Teigstreifen Gitter formen und in jedes Feld eine Mandel stechen. Bei 180 °C 40 Minuten backen.

Linzer Schnitten

Zutaten
für ca. 6–8 Personen

Teig:
150 g Zucker
200 g kalte Butter
200 g Mehl
3 Eidotter
300 g fein geriebene Mandeln
1 Prise Salz
1 gehäufter TL Zimt
1 Prise gemahlene Gewürznelken
abgeriebene Schale einer 1/2 unbehandelten Zitrone

300 g Preiselbeer- oder Himbeermarmelade zum Bestreichen
1 Eidotter zum Bestreichen
40 g Mandelblättchen zum Bestreuen

Zubereitung

Butter und Zucker schaumig schlagen. Das Mehl unterrühren und die Eidotter nach und nach beimengen. Die restlichen Zutaten unterkneten. Backrohr auf 180 °C vorheizen. Backblech mit Backpapier auslegen und 2/3 des Teiges direkt auf dem Blech ausrollen, mit den Fingern einen kleinen Rand formen. Die Himbeer- oder Preiselbeermarmelade auf den Teig streichen. Restlichen Teig auf einer leicht bemehlten Arbeitsfläche dünn ausrollen und mit einem Teigrad in Streifen schneiden. Diese gitterförmig auf die Marmelade legen und mit dem Eidotter bestreichen. Mandelblättchen darauf streuen. Etwa 40 Minuten bei 180 °C backen, bis der Teig goldbraun ist. Auskühlen lassen, dann in längliche Schnitten teilen und das Backpapier entfernen

Apfel-Poganze

Sandschnitten

Zutaten
für ca. 8–10 Personen

2 eischwer Butter
1 eischwer Staubzucker
etwas abgeriebene Zitronenschale
2 Eidotter
2 Eiklar
1 eischwer Feinkristallzucker
2 eischwer glattes Mehl

passierte Marillenmarmelade zum Zusammensetzen
Staubzucker zum Bestreuen

Zubereitung

Die weiche Butter und den Staubzucker mit der Zitronenschale verrühren und nach und nach die Eidotter langsam einrühren. Alles sehr schaumig rühren. In den steif geschlagenen Schnee den Feinkristallzucker einrieseln lassen und weiter schlagen, bis der Schnee so steif ist, dass man lange Spitzen ziehen kann. Den Schnee zum Teig geben, das Mehl darüber sieben und beides unter den Teig mengen. Auf ein mit Backpapier ausgelegtes Backblech streichen und im vorgeheizten Backrohr bei 160 bis 180 °C goldgelb backen. Nach dem Herausnehmen einige Minuten auskühlen lassen, in 4 Streifen schneiden und diese mit glatt gerührter Marillenmarmelade zusammensetzen. Vor dem Servieren in beliebige Schnitten teilen und mit Staubzucker bestreuen.

Rumschnitten

Zutaten
für ca. 8–10 Personen

6 Eidotter
100 g Zucker
6 Eiklar
100 g geriebene Hasel- oder Walnüsse
30 g Semmelbrösel
50 g Schokolade

Glasur:
200 g Zucker
1 Eidotter
Rum nach Belieben

Zubereitung

Eidotter und Zucker schaumig rühren. Den steif geschlagenen Schnee, die geriebenen Nüsse, Schokolade und Semmelbrösel unterheben. Masse in einer befetteten und bemehlten Kuchenform bei 180 °C und unterer Schiene ca. 45 Minuten backen. Ausgekühlt in ca. 1 cm dicke Scheiben schneiden und mit Rumglasur überziehen. Für die Glasur Zucker, Eidotter und Rum abrühren.

Wiener Teeschnitten

Zutaten

für ca. 8–10 Personen

250 g glattes Mehl
1 Prise Salz
150 g Butter
1 Ei
1 Eidotter
abgeriebene Schale einer 1/2 Zitrone
120 g Staubzucker
80 g geriebene Mandeln

2–3 EL Marillenmarmelade zum Füllen
Staubzucker zum Bestreuen

Zubereitung

Mehl mit Salz versieben und mit Butter verbröseln. Eine Vertiefung machen, Ei und Eidotter hineinschlagen. Zitronenschale darüber reiben, Staubzucker und Mandeln darüber verteilen und alles zu einem glatten Teig verarbeiten. (Man kann zwar den Teig gleich weiterverarbeiten, die Schnitten werden jedoch noch mürber, wenn man ihn 1 Stunde rasten lässt.)
Den Teig anschließend auf einem blechgroßen Backpapier einen 1/2 cm dick ausrollen, zu einem Rechteck zuschneiden und mit dem Papier auf das Blech übertragen. Dann in 10 cm breite Streifen schneiden. Im vorgeheizten Backrohr bei 160 bis 180 °C auf mittlerer Schiene ca. 12 Minuten backen. Die Hälfte der Streifen sofort mit glatt gerührter Marmelade bestreichen und die unbestrichenen darauf legen. Noch heiß in Quadrate oder Schnitten teilen und mit Staubzucker bestreuen.

Früchtewürfel

Zutaten
ca. 100 Stück

250 g Butter oder Margarine
250 g Zucker
4 Eier
250 g Rosinen
200 g getrocknete Zwetschken ohne Kern
150 g Zitronat
150 g Aranzini
500 g Fini's Feinstes Weizenmehl glatt
1 P. Backpulver
1/2 TL Zimt
1/2 TL Muskat
1/2 TL Kardamom
125 ml Milch
6–8 EL passierte Marillenmarmelade
Fett fürs Pergamentpapier zum Bestreichen

Glasur:
300 g Staubzucker
1 Eiklar
4–5 EL Rum

Zubereitung

Butter mit Zucker gut cremig rühren, Eier nach und nach unterrühren. Rosinen und Zwetschken waschen und gut abtropfen lassen. Zwetschken würfelig schneiden. Getrocknete und kandierte Früchte unter die Buttermasse rühren. Mehl mit Backpulver und Gewürzen versieben und abwechselnd mit der Milch untermengen. Backblech mit Pergamentpapier auslegen, leicht befetten, Teig aufstreichen und im vorgeheizten Backrohr bei 170 °C etwa 45 Minuten backen. Auf ein großes Kuchengitter oder einen Herdrost stürzen, Papier abziehen, etwa 10 Minuten überkühlen lassen und dann mit Marmelade bestreichen.

Für die Glasur Staubzucker mit Eiklar und Rum vermengen und etwa 5 Minuten mit dem Handrührgerät rühren.
Glasur auf den Kuchen gießen und mit einer befeuchteten Palette verstreichen.
Nach etwa 5 Stunden Trockenzeit Kuchen in etwa 3 cm große Würfel schneiden.
In einer Dose aufbewahren.

Zitronenschnitten

Zutaten
für ca. 8–10 Personen

4 Eidotter
100 g Zucker
4 Eiklar
70 g geriebene Nüsse
70 g Semmelbrösel
1 Msp. Zimt
etwas Zitronenschale
60 g Butter

Creme:
5 Stück Würfelzucker
Saft und Schale einer Zitrone
1 Eidotter
150 g Butter
150 g Zucker

Glasur:
Zitronensaft
Staubzucker

Zubereitung

Eidotter und Zucker schaumig rühren. Eischnee, geriebene Nüsse, Semmelbrösel, Zimt, Zitronenschale und zerlassene Butter untermengen. Masse auf ein Backblech streichen und bei 180 °C und mittlerer Schiene ca. 20 Minuten backen. Ausgekühlte Masse in ca. 8 cm breite Streifen schneiden. Je 2 Streifen mit Creme zusammensetzen und glasieren.

Für die Creme Würfelzucker an der gewaschenen, getrockneten Zitrone abreiben, in Zitronensaft auflösen. Eidotter über Dampf schaumig schlagen, ausgekühlt in die flaumig gerührte Butter untermengen.

Obstschnitten (Kirschen, Zwetschken, Marillen, Erdbeeren, Heidelbeeren etc.)

Zutaten
für ca. 8–10 Personen

100 g Butter
150 g Zucker
3 Eier
Zitronenschale
1 EL Rum
200 g Mehl
1 KL Backpulver

500 g Obst

Staubzucker zum Bestreuen

Zubereitung

Butter, Zucker und Eier schaumig rühren. Zitronenschale, Rum sowie mit Backpulver versiebtes Mehl untermengen. Masse auf ein befettetes Blech streichen, mit Obst belegen und bei 200 bis 210 °C und mittlerer Schiene ca. 30 Minuten backen. Noch warm mit Staubzucker bestreuen, ausgekühlt aufschneiden. Besonders saftig wird dieser Blechkuchen, wenn man die geteilten Früchte mit Cognac oder Rum beträufelt.

Pumpernickel

Zutaten

für ca. 8–10 Personen

280 g Zucker
4 Eier
280 g Mehl
280 g klein geschnittene Hasel- oder Walnüsse
80 g getrocknete, klein geschnittene Marillen
80 g klein geschnittene Kletzen
1 Msp. Zimt
1 P. Vanillezucker
Zitronenschale

Staubzucker zum Bestreuen

Zubereitung

Zucker und Eier schaumig rühren. Mehl, klein geschnittene Nüsse, Marillen und Kletzen beigeben sowie Zimt, Vanillezucker und Zitronenschale. Masse auf gut befettetes und bemehltes Blech 2 cm hoch streichen und bei 190 °C und mittlerer Schiene ca. 30 Minuten backen. Noch heiß in Würfel schneiden und mit Staubzucker bestreuen.

Marzipanschnitten

Zutaten

für ca. 8–10 Personen

2 Eier
140 g Zucker
60 g geschälte und nudelig geschnittene Mandeln
30 g Zitronat
20 g Aranzini
je 1 Msp. Zimt, Nelken und Neugewürz
140 g Mehl

1 Ei zum Bestreichen

Zubereitung

Eier mit Zucker schaumig rühren. Geschälte, nudelig geschnittene Mandeln, Aranzini, Zitronat mit Gewürzen und Mehl untermengen. Auf befettetes und bemehltes Backblech streichen und bei 190 °C und mittlerer Schiene ca. 30 Minuten backen. Nach der Hälfte der Backzeit (ca. 15 Minuten) mit Ei bestreichen, fertig backen, noch warm in Streifen schneiden.

Hausfreunde

Zutaten
für ca. 8–10 Personen

3 Eiklar
150 g Zucker
3 Eidotter
150 g Mehl
150 g blättrig geschnittene Haselnüsse
150 g Rosinen

Zubereitung

In den fest geschlagenen Schnee Zucker, Eidotter, Mehl, blättrig geschnittene Haselnüsse und Rosinen untermengen. Masse auf befettetes und bemehltes Backblech streichen und bei 180 °C und mittlerer Schiene ca. 25 bis 30 Minuten backen. Erkaltet in Rechtecke schneiden und leicht bähen.

Anisschnitten

Zutaten
für ca. 8–10 Personen

6 Eier
400 g Zucker
1 P. Vanillezucker
400 g Mehl
1/2 P. Backpulver
1/2 KL gemahlener Anis

Zubereitung

Eier, Zucker und Vanillezucker schaumig rühren. Mehl, Backpulver und Anis untermengen. Auf gut befettetem und bemehltem Backblech bei 190 °C und mittlerer Schiene ca. 30 Minuten backen. Überkühlt in Schnitten schneiden.

Esterházyschnitten

Zutaten

für ca. 8–10 Personen

Teig:
300 g Mehl
80 g Staubzucker
1 P. Vanillezucker
Saft einer 1/2 Zitrone
120 g geriebene Haselnüsse
1 Ei
200 g Butter

Fülle:
250 ml Obers
80 g Zucker
5 Eidotter
2 P. Bourbon-Vanillezucker
250 g Kokosfett
etwas Kirschwasser

etwas Marillenmarmelade zum Bestreichen

Glasur:
150 g Staubzucker
ca. 50 ml Wasser
etwas Zitronensaft

Zum Verzieren:
etwas erweichte Schokolade
einige Mandelblättchen

Zahlreiche österreichische Gerichte sind mit dem Zusatz Esterházy, dem Familiennamen der berühmten ungarischen Magnaten-Dynastie, versehen.

Zubereitung

Das Mehl auf eine Arbeitsfläche sieben. In die Mitte eine Vertiefung drücken. Zucker, Vanillezucker, Zitronensaft, Nüsse und Ei hineingeben und mit einem Teil des Mehls vermengen. Darauf die in kleine Stücke geschnittene, kalte Butter geben und von der Mitte aus alle Zutaten rasch zu einem glatten Teig verkneten.
Den Teig kalt stellen, dann messerrückendick ausrollen, in 12 cm breite Streifen schneiden, auf ein Backblech legen und bei 200 °C ca. 10 bis 12 Minuten auf mittlerer Schiene backen.
Vom Backblech nehmen und auskühlen lassen. Für die Fülle Obers mit Zucker, Eidotter und Vanillezucker mischen und auf ca. 60 °C erhitzen. Das klein geschnittene Kokosfett dazugeben und so lange rühren, bis sich das Fett gelöst hat. Im Kühlschrank ca. 1 Stunde auskühlen lassen. Anschließend mit einem Rührgerät (Schneebesen) sehr schaumig rühren und mit Kirschwasser abschmecken.
Jeweils 3 Gebäckstreifen damit bestreichen und zusammensetzen. Die Schnitten dünn mit Marmelade bestreichen. Für die Glasur Zucker, Wasser und Zitronensaft verrühren und zum Kochen bringen. 3 bis 4 Minuten leicht kochen lassen und die Glasur rasch abkühlen. Mit einem Kochlöffel bis zu einer milchig weißen Konsistenz rühren. Die Glasur leicht erwärmen und über die Schnitten gießen.
Die Schokolade in einen Spritzsack füllen und Linien auf die Glasur spritzen. Das Muster mit einer Gabel durchziehen. Mit Mandelblättchen verzieren.

Lienzer Schnitten

Zutaten
für ca. 6 Personen

Teig:
150 g Maismehl
100 g glattes Mehl
100 g geriebene Kochschokolade
1 EL Backpulver
2 Eier
100 g Staubzucker
40 g zerlassene Butter
4 EL Milch

Belag:
1000 g geschälte und blättrig geschnittene Äpfel
Saft einer Zitrone
1 EL Rum
60 g Zucker zum Bestreuen

Zubereitung

Maismehl mit Mehl, Backpulver und Schokolade vermischen, Eier mit Zucker sehr schaumig rühren, mit der Maismehlmischung, Butter und Milch vermischen und fingerdick auf ein befettetes oder mit Backpapier ausgelegtes Blech streichen. Die Äpfel mit Zitronensaft und Rum beträufeln, auf dem Teig verteilen, mit Zucker bestreuen und bei 170 °C etwa 40 Minuten backen.

Dieses einfache Osttiroler Gericht, die „plentenen Schnitten“, wird durch die Äpfel saftig und durch die Schokolade verfeinert.

Rouladen

Einfache Biskuitroulade

Zutaten
für ca. 6 Personen

6 Eidotter
120 g Zucker
6 Eiklar
120 g Mehl

Marmelade zum Füllen

Zubereitung

Eidotter und zwei Drittel des Zuckers schaumig rühren, den restlichen Zucker in den Schnee einschlagen, Schnee und Mehl unter die Eidottermasse heben, auf ein mit Backpapier ausgelegtes Blech streichen, im vorgeheizten Backrohr backen, auf ein Brett stürzen, Papier abziehen, mit Marmelade bestreichen und einrollen. Soll die Rolle mit Creme gefüllt werden, muss sie nach dem Ablösen wieder mit Papier oder einem Tuch eingerollt werden, auskühlen lassen.

Biskuitroulade mit Erdbeeren

Zutaten
für ca. 6 Personen

Teig:
4 Eier
120 g Zucker
1 TL Vanillezucker
4 EL Wasser
1 Prise Salz
80 g Mehl
80 g Maisstärke
1 TL Backpulver

Fülle:
200 ml Schlagobers
1 EL Zucker
1 TL Vanillezucker
1 Sahnesteif
500 g Erdbeeren
250 g Erdbeerkonfitüre

Staubzucker zum Bestreuen

Zubereitung

Eidotter, Zucker, Vanillezucker und Wasser rühren, bis eine luftige Masse entsteht. Eiklar mit 1 Prise Salz steif schlagen. Eischnee auf Eidottermasse geben und Mehl, Maisstärke und Backpulver darüber sieben. Alles vorsichtig unterheben. Teigmasse sofort auf ein mit Backpapier ausgelegtes Blech streichen. Bei 180 °C im vorgeheizten Backrohr 15 Minuten backen. Biskuit auf ein mit Zucker bestreutes Geschirrtuch stürzen. Backpapier abziehen und den Teig mit dem Geschirrtuch sofort aufrollen. Schlagobers mit Zucker, Vanillezucker und Sahnesteif steif schlagen. Erdbeeren waschen und in Scheiben schneiden. Biskuitboden entrollen und mit Erdbeerkonfitüre bestreichen. Schlagobers darauf verteilen. Erdbeeren Scheibe an Scheibe auf das Schlagobers setzen. Belegten Biskuitboden vorsichtig zusammenrollen. Roulade mit Staubzucker bestreuen und gut gekühlt servieren.

Dinkel-Buchweizen-Roulade

Zutaten
für ca. 6 Personen

Roulade:
5 Eier
150 g Rohrohrzucker
100 g Dinkelauszugsmehl
25 g Buchweizenvollmehl

Fülle:
1 P. Vanillepuddingpulver
2 EL Rohrohrzucker
250 ml Milch
125 ml Schlagobers
2 Bananen

Zubereitung

Die Eier trennen, das Eiklar steif schlagen, dann den Rohrohrzucker untermengen und weiterrühren, bis sich der Zucker aufgelöst hat.
Die Eidotter kurz unterrühren.
Beide Mehlsorten behutsam mit dem Schneebesen unterheben.
Auf ein mit Backpapier belegtes Backblech streichen und bei 180 °C Heißluft etwa 10 Minuten backen.
Das Biskuit vom Papier lösen und locker einrollen.
Für die Fülle einen Vanillepudding bereiten, aber nur mit der im Rezept angeführten Milchmenge und erkalten lassen.
Das Obers steif schlagen und den erkalteten Pudding durch ein Sieb in das Schlagobers streichen, gut vermischen.
Diese Creme auf die ausgekühlte Roulade streichen, die ganzen Bananen der Länge nach auflegen und die Roulade einrollen.
Vor dem Anschneiden mindestens 1 Stunde kalt stellen und unbedingt zum Aufschneiden ein Sägemesser verwenden.

Wussten Sie,

dass Buchweizenmehl sich gut zur Herstellung von Biskuit und Palatschinken eignet?

Nussrolle

Zutaten
für ca. 6 Personen

Rolle:
5 Eidotter
120 g Zucker
5 Eiklar
50 g Mehl
70 g geriebene Nüsse

Fülle:
125 ml Schlagobers
50 g Staubzucker
50 g geriebene Nüsse

Kaffeeglasur
(Rezept S. 35)

Zubereitung

Eidotter und Zucker schaumig rühren. Schnee, Mehl und geriebene Nüsse untermengen. Auf ein Backblech streichen und bei 230 °C und mittlerer Schiene ca. 10 bis 12 Minuten backen. Für die Fülle dem geschlagenen Obers die mit Zucker vermengten geriebenen Nüsse beigeben. Biskuit zusammenrollen und mit Kaffeeglasur glasieren.

Schokoladenrolle

Zutaten
für ca. 6 Personen

Rolle:
1 Ei
4 Eidotter
120 g Zucker
2 EL heißes Wasser
60 g Mehl
50 g Maisstärke
30 g Kakao
1 Msp. Backpulver

4 Eiklar
20 g Zucker

Creme:
150 g Butter
150 g Zucker
50 g Schokolade

Staubzucker zum
Bestreuen

Zubereitung

Ei, Eidotter, Zucker und 2 EL heißes Wasser schaumig schlagen. Mehl, Maisstärke, Kakao und Backpulver trocken miteinander versieben und mit dem steifen Schnee, in den man Zucker eingeschlagen hat, zur Eidottermasse mengen. Masse auf ein befettetes Backblech streichen und bei 230 °C und mittlerer Schiene ca. 12 Minuten backen.
In der Zwischenzeit für die Creme Butter und Zucker flaumig rühren. Die erweichte Schokolade einrühren.
Das Biskuit sofort füllen und einrollen.
Mit Staubzucker bestreuen.

Lexikon Österreichisch – Deutsch

Beugel: gebogenes, süßes Gebäck (hat seinen Ursprung im Wort „biegen")

Biskotte: Löffelbiskuit

Bröseltopfen: bröseliger, trockener Quark

Buchtel: österreichisches Hefegebäck

Busserl: wörtlich Küsschen

Dalke: kleiner, runder Pfannkuchen; Spezialität der tschechischen Küche

Dampfl: Vorteig, Gärprobe für Hefeteig

Eidotter: Eigelb

Eiklar: Eiweiß

Fleckerl: quadratisches Gebäck

Germ: Hefe

Gugelhupf: Napfkuchen

Hirschhornsalz: Backtriebmittel, vor allem für flache Gebäcke geeignet

Holler: Holunder

Kipferl: Hörnchen

Kletze: gedörrte bzw. getrocknete Birne

Knödel: Kloß

Krapfen: rundes Gebäck aus Hefeteig

Kren: Meerrettich

Liwanze: Süßspeise, „Küchlein": sie werden als flüssiger Teig in eine Pfanne mit Vertiefungen gegossen und mit Zimt und Zucker bestreut serviert.

Marille: Aprikose

Most: Apfelwein oder -saft

Mürbteig: Mürbeteig

Nockerl: Klößchen, Spätzle

Nudelwalker: Nudelholz

Palatschinke: Pfannkuchen

Pinze: Brauchtumsgebäck aus gehaltvollem Hefeteig

Pogatsche: scheibenförmiges Gebäck

Polsterzipf: dreieckiges Gebäck

Potizze: Hefekuchen mit Nüssen

Powidl: Pflaumenmus

Quirl: Schwingbesen

rebeln: abbeeren, abzupfen

Reindling: Brauchtumsgebäck aus Hefeteig

Ribisel: Johannisbeere

Ringlotte: Reneklode

Sauerrahm: saure Sahne

(Schlag)Obers: (Schlag)Sahne

Schlangel: Blechkuchen

Schmarren: süße Mehlspeise

(Schneid)semmel: Brötchen aus Weizenmehl

Semmelbrösel: fein geriebene Brösel aus Weizenmehl-Brötchen

Strauben: herausgebackene Holunderblüten

Striezerl: zu einem Zopf geflochtenes Hefeteiggebäck

Tascherl: mit Marmelade o. Ä. gefüllte Teigtasche

Topfen: Quark

überkühlen: langsam abkühlen

Wutzinudel: runde Nudel, die händisch gerollt wird und an den Enden spitz zuläuft

Zwetschke: Zwetsche oder Zwetschge

Erklärung wichtiger Küchenausdrücke

abbröseln: Fett und Mehl vermengen, sodass eine bröselige Masse entsteht

abschlagen: den Teig mit Luft durchsetzen, entweder durch Kneten oder Rühren (Kochlöffel, Handmixer, Küchenmaschine)

abschmecken: Gewürze zufügen

abschrecken: unter kaltem Wasser kurz abkühlen

abtreiben: Zucker und Eidotter schaumig rühren, dann erst die anderen Zutaten einmengen

abziehen (z. B. Mandeln): schälen

auswalken: mit einem Nudelholz ausrollen

bähen: Gebäck dünnblättrig oder würfelig schneiden, ohne Fett im Backrohr übertrocknen

dressieren: Spritzen und Verzieren von feinen Süßspeisen

faschieren: sehr fein hacken oder passieren

(auf)gehen lassen: an einem warmen Ort zugedeckt stehen lassen

glasieren: mit einem zuckerhaltigen Überzug überziehen

köcheln: auf niedriger Stufe vor sich hin kochen lassen

Nudelwalker: Nudelholz

passieren: Früchte durch ein feines Sieb streichen

Pralinen- oder Konfektkapsel: Papiertellerchen mit höherem Rand zum Hineinsetzen der Pralinen

radeln: mit einem Teigrad ausschneiden

rasten lassen: an einem warmen oder kühlen Ort zugedeckt stehen lassen

sämig: dickflüssig

spicken: kleine Spalten einschneiden und entsprechende Zutat in den Spalt setzen, z. B. Rehrücken mit Mandelstiften versehen

Spritzsack: Tütchen zum Verzieren von Süßspeisen

stifteln: Zutat (v. a. Mandeln) in kleine Stifte teilen

Tortenschaufel: Backzubehör zum Heben von Mehlspeisen

über Dampf schlagen: Cremes und Puddings im Wasserbad schaumig schlagen

verquirlen: versprudeln

Wasserbad: das Einstellen von Schüsseln und Töpfen in kochendes Wasser, einerseits zum Warmhalten, andererseits, um heikle Speisen wie etwa Puddings und Cremes dickschaumig zu schlagen

Abkürzungen

EL =	Esslöffel
TL =	Teelöffel
KL =	Kaffeelöffel
P. =	Päckchen
Pkg. =	Packung
Msp. =	Messerspitze
g =	Gramm
ml =	Milliliter

Masseinheiten

Gewichtsmaße:

1 kg =	*1000 g* =	*100 dag*
3/4 kg =	*750 g* =	*75 dag*
1/2 kg =	*500 g* =	*50 dag*
1/4 kg =	*250 g* =	*25 dag*
1/8 kg =	*125 g* =	*12,5 dag*
	10 g =	*1 dag*

Hohlmaße:

1 l =	*10 dl* =	*1000 g* =	*1000 ml*
1/2 l =	*5 dl* =	*500 g* =	*500 ml*
1/4 l =	*2,5 dl* =	*250 g* =	*250 ml*
1/8 l =	*1,25 dl* =	*125 g* =	*125 ml*
1/16 l =	*0,625 dl* =	*62,5 g* =	*63 ml*

Löffelmaße:

1 EL Salz	= *20 g* =	*2 dag*
1 TL Salz	= *10 g* =	*1 dag*
1 EL Zucker/Mehl	= *20 g* =	*2 dag*

Rezepte

Die Rezepte wurden den folgenden bei avBUCH erschienenen Büchern entnommen:

Anna Andert u.a.: Das grosse Bio-Kochbuch, 2003: *S. 104, 141, 144, 168, 182, 190, 194, 213, 214 u, 218, 224, 228 o, 262*

Helga Buchter-Weisbrodt: Genuss Frucht Erdbeere, 2004: *S. 191, 207 u, 260 u*

Hannelore Bürstmayr: Hausgemacht – Weihnachtsbäckerei, 2003: *S. 134, 135, 137, 138, 139 o, 140, 142, 146, 148, 149 u, 152, 153 u, 154, 155, 156, 157, 158 o, 159, 161*

Hannelore Bürstmayr: Hausgemacht – Kuchen und Torten, 2004: *S. 114, 212, 215, 226, 228 u, 229, 231, 233 o, 234, 235, 236, 239, 241, 248, 250 o, 252 o, 253*

Božena Gartler: Genuss Frucht Apfel, 2003: *S. 49, 111 u, 136, 178 u, 232, 237, 250 u, 259*

Sigrid Günther und Eva-Maria Lipp: Hausgemacht – Trocknen und Dörren, 2003: *S. 110, 144 u, 145, 147, 183, 217, 254*

Cordula Hanisch und Ulli Ploberger: Süsse Geheimnisse aus dem Garten für intelligente Faule, 2002: *S. 45, 120, 122, 123, 149 o, 167, 178 o, 180 u, 181, 189 o, 192, 200 u, 201, 219, 220, 221, 223, 238, 246 u*

Tobias Hierl: Hausgemacht – Strudel süss & pikant, 2004: *S. 13, 18, 19, 103, 105, 106, 108, 110, 112, 115, 116, 117, 118, 121, 124, 126, 127 u, 128, 129, 130, 131*

Tobias Hierl: Hausgemacht – Knödel: von Obstknödel bis Dim Sum: *S. 172, 173 u, 174, 175, 176*

Land um Hollabrunn: Erdäpfelkochbuch, 2002: *S. 139 u, 164, 169, 195, 199, 216, 225, 245*

Karoline Meindl-Dietrich und Erna Lechner: Kochbuch für ländliche Haushalte, 59. Auflage 2003: *S. 10, 11, 20, 21, 22, 23, 24, 25, 26, 27, 28, 29, 32, 33, 34, 35, 36, 37, 38, 39, 40, 41, 44, 45, 46, 48, 49, 50, 51, 109, 127 o, 150, 151, 153 o, 158 u, 160, 165, 166 o, 170, 171, 173 o, 177, 179, 180, 184, 186, 187, 188, 193, 198 o, 200 o, 202, 203, 204 u, 205, 206, 207 o, 214 o, 230, 233 u, 240, 242, 244, 246 o, 247, 252 u, 255, 256, 257, 260 o, 263*

Andrea Prommer und Maria Zechner: Hausgemacht – Germteig/Hefeteig, 2002: *S. 14, 16, 17, 52, 54, 57, 60, 61, 62, 64, 65, 66, 67, 68, 70, 71, 72, 73, 74, 75, 76, 78, 80, 81, 82, 83, 84, 85, 86 ,87, 88, 89, 90, 92, 93, 95, 96, 97, 98, 99, 102, 119, 125, 166 u*

Christine Wogowitsch: Hausgemacht – Nudeln, 2003: *S. 12, 196, 197, 198 u, 204 o, 208*

Anmerkung: *o* = oben, *u* = unten

Rezepte von A bis Z

Pfandl-,
Schmarren- &
Gröstl-Kochbuch
KOCHEN